Die Durchsetzung von Befreiungsansprüchen im zivilprozessualen Erkenntnis- und Vollstreckungsver[illegible]n

Europäische Hochschulschriften
Publications Universitaires Européennes
European University Studies

Reihe II
Rechtswissenschaft

Série II Series II
Droit
Law

Bd./Vol. 1232

PETER LANG
Frankfurt am Main · Berlin · Bern · New York · Paris · Wien

Gerald Görmer

Die Durchsetzung von Befreiungsansprüchen im zivilprozessualen Erkenntnis- und Vollstreckungsverfahren

PETER LANG
Frankfurt am Main · Berlin · Bern · New York · Paris · Wien

Die Deutsche Bibliothek- CIP-Einheitsaufnahme

Görmer, Gerald:

Die Durchsetzung von Befreiungsansprüchen im zivilprozessualen Erkenntnis- und Vollstreckungsverfahren / Gerald Görmer. - Frankfurt am Main ; Berlin ; Bern ; New York ; Paris ; Wien : Lang, 1992
(Europäische Hochschulschriften : Reihe 2, Rechtswissenschaft ; Bd. 1232)
Zugl.: Frankfurt (Main), Univ., Diss., 1992
ISBN 3-631-44872-4

NE: Europäische Hochschulschriften / 02

D 30
ISSN 0531-7312
ISBN 3-631-44872-4

Printed in Germany 1 3 4 5 6 7

Meinen Eltern

VORWORT

Ein Befreiungsanspruch kann aus vielerlei und völlig unterschiedlichen Schuldverhältnissen entstehen. Der besondere Leistungsinhalt - Befreiung von einer Verbindlichkeit - unterscheidet den Befreiungsanspruch jedoch von anderen Ansprüchen. Der Befreiungsanspruch dient vor allem dazu, einen drohenden Verlust im Aktivvermögen des Befreiungsgläubigers abzuwenden.

Die Durchsetzbarkeit des Befreiungsanspruches im Erkenntnis- und im Vollstreckungsverfahren wirft zentrale Fragen auf, deren Beantwortung wegen des besonderen materiellen Leistungsinhalts der Befreiung Schwierigkeiten bereitet. Systematische Untersuchung und Klärung dieser Probleme sind ebenso ein Schwerpunkt dieser Arbeit wie die Herausarbeitung des eigenständigen materiellrechtlichen Inhalts des Befreiungsanspruches mit konsequentem Umsetzen ins Prozeßrecht.
Das Manuskript wurde im Dezember 1991 abgeschlossen.

Frankfurt am Main, im Februar 1992

Der Verfasser

Inhaltsverzeichnis

A. Einleitung (Gang der Untersuchung)

Die vorliegende Arbeit geht hauptsächlich der Frage nach, unter welchen Voraussetzungen und wie Befreiungsansprüche im Zivilprozeß durchsetzbar sind. Besondere Beachtung wird hierbei den umstrittenen und noch wenig geklärten Fällen gewidmet, in denen die Verbindlichkeit (Drittschuld), von der zu "befreien" ist, der Höhe nach noch unbestimmt oder noch nicht fällig ist. Die Schwierigkeiten der Durchsetzung betreffen Erkenntnis- und Vollstreckungsverfahren gleichermaßen. In aller Regel setzt die zwangsweise Durchsetzung eines (Befreiungs-)Anspruches ein erfolgreiches Urteilsverfahren voraus. Erst danach kann sich die Frage nach dem "Wie" einer Vollstreckung stellen. Zur Durchsetzung gehören deshalb bereits die Zulässigkeit und die Begründetheit im Erkenntnisverfahren.

Die Problematik des Befreiungsanspruches - seine materiellrechtliche Begründetheit und insbesondere die prozessuale Zulässigkeit des Klageantrages und des auf diesem beruhenden Urteilstenors sowie die Vollstreckung - wird im Schrifttum weitgehend vernachlässigt und, wie *Bischof*[1] zutreffend feststellt, in der prozessualen Praxis häufig verkannt. Es herrscht weitgehend Unklarheit über den Befreiungsanspruch als solchen. Schon in der Terminologie[2] läßt die Be-

1 Bischof, Der Freistellungsanspruch, ZIP 1984, 1444.

2 Vgl. unten S. 3.

handlung von Befreiungsansprüchen in Rechtsprechung und Schrifttum vielfach eine klare Grundlinie vermissen. Die Arbeit soll deshalb auch allgemein einen klärenden Beitrag zur Rechtsnatur des Befreiungsanspruches und seiner inhaltlichen Unterscheidung gegenüber dem Zahlungsanspruch leisten und damit zu besserem Verständnis des Anspruches auf Befreiung, in seinen vielen unterschiedlichen Anwendungsgebieten, beitragen.

Zu den Fällen, in denen die Verbindlichkeit, von der zu "befreien" ist, der Höhe nach noch unbestimmt und bzw. oder noch nicht fällig ist, wird versucht, in systematischer und klarstellender Weise der Durchsetzungsproblematik nachzugehen und einen differenzierten Lösungsweg zu weisen. Die Frage der Durchsetzbarkeit ist hier bereits im Erkenntnisverfahren problematisch[3] und ist gegenüber den bisherigen Lösungsversuchen im Ergebnis differenzierend zu beantworten.

Ausgehend von der Darstellung der allgemeinen materiellrechtlichen Grundlagen des Befreiungsanspruches (B.) wird deshalb die prozessuale Behandlung im Erkenntnisverfahren näher untersucht (C. I.), bevor der Frage, wie ein Befreiungsanspruch zu vollstrecken ist, nachgegangen wird (C. II.). Durch eine nähere Betrachtung des Erkenntnisverfahrens wird vermieden, daß bei der zentralen Frage nach

3 Rimmelspacher, S. 89 (II.1.), der dies generell leugnet, übersieht hier § 253 Abs. 2 Nr. 2 ZPO, wenn er kurzerhand meint, auch bei unbestimmter Höhe der Verbindlichkeit sei die Durchsetzung im Erkenntnisverfahren unproblematisch. Vgl. dazu eingehend unten S. 77 ff.

dem Wie der Vollstreckung Vollstreckungsmodalitäten für Fälle erörtert werden, in denen es mangels Durchsetzbarkeit im Erkenntnisverfahren von vornherein gar nicht zur Vollstreckung kommen könnte bzw. kommen dürfte[4].

B. Materiellrechtliche Grundlagen des Befreiungsanspruches

Um durchsetzbar zu sein, muß ein Befreiungsanspruch bzw. eine Klage auf Befreiung, wie jede andere Klage, nicht nur zulässig[5], sondern auch materiellrechtlich begründet sein. Bereits dies macht es notwendig, die materiellrechtlichen Voraussetzungen, insbesondere Inhalt und Herbeiführung der Befreiung, näher zu untersuchen. Es ist auch zu erwarten, daß hiervon und aus der Rechtsnatur, dem Wesen, des Befreiungsanspruches Folgerungen für die zivilprozessuale Behandlung zu ziehen sind. Zumindest wird erkennbar werden, welche Durchsetzungsprobleme aus dem Inhalt des Befreiungsanspruches herrühren. Das läßt es, nicht zuletzt auch der besseren Veranschaulichung wegen, gerechtfertigt er-

---

4 Dies ist Rimmelspacher, S. 89 ff. entgegenzuhalten. Vgl. oben Fußn. 3 und im einzelnen unten S. 77 ff.

5 Dazu unten S. 47 ff.

scheinen, am Anfang der Untersuchung auf die materiellrechtlichen Grundlagen einzugehen. Allem voran ist zunächst zu klären, was begrifflich unter "Befreiungsanspruch" zu verstehen ist.

I. Begriff des Befreiungsanspruches

Aus den §§ 257 Satz 1, 738 Abs. 1 Satz 2, 775 Abs. 1, 821 BGB[6], in denen ausdrücklich von einem Anspruch auf "Befreiung" die Rede ist, läßt sich entnehmen, daß "Befreiungsanspruch" begrifflich das Recht ist, von einem anderen Befreiung von einer Verbindlichkeit zu verlangen. Obwohl das Gesetz dieses Institut einheitlich als Befreiungsanspruch bezeichnet, wird in Rechtsprechung und Schrifttum häufig der sinnverwandte Begriff "Freistellungsanspruch" gebraucht[7]. Des öfteren ist auch von "Freihalteanspruch"[8] oder "Schuldbefreiungsanspruch"[9] die Rede. Früher war auch die Bezeichnung "Liberationsanspruch"[10] geläufig. Selbst innerhalb ei-

---

6 Bischof, S. 1444, läßt in diesem Zusammenhang die §§ 775, 738, 821 BGB außer acht, wenn er feststellt, der Befreiungsanspruch habe (nur) in § 257 BGB eine materielle gesetzliche Teilregelung erfahren

7 So zuletzt etwa BGH WM 1990, 262 (264); vgl. aus dem Schrifttum z. B. Bischof, S. 1444 ff.

8 Reiche, WM 1988, 853 (856).

9 RGZ 139, 315 (321); BGHZ 41, 203 (205); Möller, JW 1934, 1076 (1077).

10 v. Thur, Actio de rem in verso, 1895, S. 82 ff.; Flechtheim, LZ 1908, 802 (809) (Anspruch auf "Liberierung").

ner Entscheidung ist die Terminologie nicht immer einheitlich[11]. Da die Bezeichnung "Befreiungsanspruch" dem Gesetzeswortlaut und dem wohl überwiegenden Sprachgebrauch entspricht[12], sollte man sie, nicht zuletzt auch um Mißverständnissen vorzubeugen, durchweg vorziehen. Wie *Gerhardt*[13] zutreffend ausführt, empfiehlt es sich, den Begriff "Freistellungsanspruch" nur dem im Arbeitsrecht aus dem allgemeinen arbeitsrechtlichen Freistellungsgrundsatz entwickelten und dort üblicherweise mit "Freistellung" bezeichneten Anspruch vorzubehalten.

Der Befreiungsanspruch wird dadurch charakterisiert, daß der Inhaber des Befreiungsanspruches - der Befreiungsgläubiger - einer Verbindlichkeit ausgesetzt ist. Der Befreiungsgläubiger kann von einem anderen - dem Befreiungsschuldner - verlangen, ihn von seiner Verbindlichkeit zu befreien. In der Regel handelt es sich dabei um eine Verbindlichkeit gegenüber einem Dritten - dem Drittgläubiger (Gläubiger der "Drittschuld") -, so daß regelmäßig[14] drei Personen beteiligt sind: der Befreiungsgläubiger, der Befreiungsschuldner und ein Drittgläubiger. Es ist aber auch denkbar, daß die Verbind-

---

11 Z. B. wird in BGH NJW 1984, 2151 ff. sowohl von "Befreiung" als auch synonym von "Freistellung" gesprochen.

12 Etwa RGZ 47, 118 (125); BGHZ 25, 1 (7); BGH NJW 1989, 1920 (1921); Staudinger-Selb, § 257 Rn. 3 ff.; Rimmelspacher, S. 89; Gerhardt, S. 2 m. w. N.

13 Gerhardt, Seite 2, 3. Zum arbeitsrechtlichen Freistellungsanspruch ausf. Gerhardt, S. 116 ff.

14 Dies kommt bei Gerhardt, S. 2, insofern nicht zum Ausdruck, als es dort heißt, daß die Beteiligung eines Dritten "denkbar" sei.

lichkeit gegenüber dem Befreiungsschuldner selbst besteht, m. a. W., daß der Befreiungsschuldner zugleich Gläubiger jener Verbindlichkeit ist, von der er den Befreiungsgläubiger (Schuldner der Verbindlichkeit) zu befreien hat. In solchen Fällen sind dann ausnahmsweise nur zwei Personen beteiligt, da der Befreiungsschuldner mit dem Gläubiger der Verbindlichkeit identisch ist.

II. Die Hauptanwendungsfälle des Befreiungsanspruches und ihre Besonderheiten

Aus dem bisher aufgezeigten Begriff des Befreiungsanspruches ergibt sich noch nicht, von welchen Verbindlichkeiten Befreiung verlangt werden kann. Generell läßt sich feststellen, daß die Verbindlichkeit, von der zu befreien ist - und damit der Befreiungsanspruch selbst -, aus den vielfältigsten gesetzlichen und vertraglichen Rechtsverhältnissen entstehen kann. Außer den (nur) in §§ 257 Satz 1, 738 Absatz 1 Satz 2, 775 Absatz 1 BGB[15] gesetzlich ausdrücklich (wörtlich) geregelten Fällen kann sich ein Befreiungsanspruch auch aus

15 Der in § 821 BGB erwähnte Anspruch auf Befreiung betrifft lediglich Fälle, in denen nur zwei Personen beteiligt sind. "Zwei-Personen-Fälle" sind jedoch zu vernachlässigen, da sie praktisch wenig bedeutsam sind u. hins. des Inhaltes der Befreiung keine Probleme bereiten. Siehe dazu unten S. 24 in Fußn. 1. Im folg. geht es deshalb nur um die Fälle, in denen drei Personen beteiligt sind. Auch die §§ 257 S. 1, 738 I 2, 775 I BGB gehen davon aus, daß es einen Drittgläubiger gibt.

Gesetzesregelungen ergeben, die eine Befreiung wörtlich nicht nennen. Neben solchen gesetzlichen Entstehungsgründen kann ein Befreiungsanspruch auch auf vertraglicher Vereinbarung beruhen. In Anbetracht der unterschiedlichen Kausalgeschäfte, aus denen Ansprüche auf Befreiung entstehen können, sei im folgenden auf die Hauptanwendungsfälle von Befreiungsansprüchen auch deshalb näher eingegangen, um die Gemeinsamkeiten oder etwaige, für die Durchsetzungsproblematik bedeutsame, Besonderheiten bzw. Unterschiede auszumachen.

1. § 257 Satz 1 BGB

Ein Befreiungsanspruch kann sich im Rahmen von Aufwendungsersatz gemäß § 257 Satz 1 BGB ergeben. § 257 Satz 1 BGB gewährt demjenigen, der berechtigt ist Aufwendungsersatz zu verlangen, einen Anspruch, ihn bereits von solchen Verbindlichkeiten zu befreien, die er als Aufwendung eingegangen ist. Der Befreiungsanspruch des § 257 Satz 1 BGB setzt damit das Recht voraus Aufwendungsersatz zu verlangen. Ein solches Recht auf Aufwendungsersatz kann auf einer Vielzahl vertraglicher oder gesetzlicher Schuldverhältnisse beruhen. Von großer Bedeutung ist im Auftragsrecht der Anspruch aus § 670 BGB. Der Beauftragte kann Ersatz seiner Aufwendungen, die er zur Ausführung des Auftrages gemacht hat, verlangen (§ 670 BGB); besteht die Aufwendung darin, daß er eine Verbindlichkeit zur Ausführung des Auftrages eingegangen ist, kann er deshalb nach § 670 in Verbindung mit § 257 Satz 1 BGB Befreiung verlangen. Das Auftragsrecht findet ein weites Anwendungsfeld. Zu diesem Bereich hat beispielsweise der *Bundesgerichtshof* jüngst entschieden, daß auch ein Ehegatte nach Scheitern der Ehe einen Anspruch gegen den anderen Ehegatten aus § 670 in Verbindung mit § 257 Satz 1 BGB auf Befreiung von solchen Verbindlichkeiten haben kann, die er während der Ehe eingegangen ist, um dem anderen die Aufnahme von Bankkrediten zu ermöglichen[16]. Zwischen Ehegatten können beim Scheitern der Ehe Befreiungsansprüche erwachsen aufgrund von zuvor - während noch intakter Ehe - eingegangenen schuldrechtlichen Sonderbeziehungen. Diese Befreiungsansprüche sind jedenfalls dann nach Auftragsrecht zu beurteilen, wenn keine deutlichen Umstände dafür vorhanden sind, daß die Ehegatten gemeinschaftlich einen über die Verwirklichung der ehelichen Lebensgemeinschaft hinausgehenden Zweck verfolgt haben und deshalb die Annahme eines Gesellschaftsverhältnisses zwischen den Ehegatten mit entsprechender Anwendung des gesellschaftsrechtlichen Befreiungsanspruches des § 738 I 2 BGB ausschei-

16 BGH NJW 1989, 1920 ff; siehe auch schon BGH FamRZ 1972, 362, zu einem vergleichbaren Sachverhalt. Vgl. zu anderen Befreiungsfällen aus Auftragsverhältnis etwa RGZ 120, 205 (209); 151, 99.

det und wenn vertraglich nichts anderes vereinbart ist[17]. Ebenso kann etwa in der Verpflichtung desjenigen, der eine dingliche Haftung für einen Schuldner übernimmt, eine Aufwendung zu sehen sein, so daß nach § 257 Satz 1 BGB auch derjenige, der eine dingliche Haftung für einen Schuldner übernimmt, bei Inanspruchnahme aus der dinglichen Sicherung einen Anspruch auf Befreiung gegen den Schuldner haben kann[18]. Eine Aufwendung aus Auftragsverhältnis kann auch in der Verpflichtung des Gefälligkeitsakzeptanten nach Art. 28 WG bestehen[19].

Beim Kommissionsgeschäft sieht § 396 Abs. 2 HGB einen Anspruch des Kommissionärs nach §§ 670, 675 BGB auf Ersatz der Aufwendungen vor, die ihm infolge des abgeschlossenen Ausführungsgeschäftes entstanden sind[20]. Solange der Einkaufskommissionär den Kaufpreis selbst noch nicht ge-

---

17 Vgl. BGH NJW 1989, 1920 ff.; FamRZ 1972, 362. Demgegenüber hat es BGHZ 47, 157 = FamRZ 1967, 320 (323) für die Annahme einer Ehegatteninnengesellschaft als ausreichend angesehen, daß ein Ehegatte gemäß § 1360 S. 1 BGB sein Vermögen zur Verfügung stellt, um dem anderen ein Erwerbsgeschäft zu ermöglichen, das den Lebensunterhalt der Familie sichern soll. Vgl. auch OLG Saarbrücken, NJW-RR 1990, 963 (964), das bei vergleichbarem Sachverhalt offengelassen hat, ob es sich um einen gesetzlichen, gesellschaftsrechtlichen oder einen vertraglichen Befreiungsanspruch handelt. Bei gesamtschuldnerischen Verbindlichkeiten, die während der Ehe eingegangen wurden, greift § 426 I 1 BGB ein; vgl. unten S. 15 f.

18 Siehe BGH MDR 1955, 283 (285); WM 1960, 373; Staudinger-Selb, Rn. 2 zu § 257; Soergel-Wolf, § 257 Rn. 3.

19 Vgl. RGZ 120 205 (208); BGHZ 19, 282 (293); OLG Hamburg WM 1988, 864 mit insoweit zust. Anm. von Reiche, S. 853; Staudinger-Selb, Rn. 2 zu § 257.

20 Vgl. die Bsp. in RGZ 47, 118 ff.; BGH NJW 1965, 249 (250).

zahlt hat, liegt seine Aufwendung zunächst in der von ihm gegenüber seinem Verkäufer (Vertragspartner) übernommenen Verpflichtung, den Kaufpreis zu zahlen, so daß der Kommissionär vom Kommittenten aufgrund § 257 Satz 1 BGB (zumindest) Befreiung von dieser Verbindlichkeit verlangen kann[21].

Daneben kann ein Aufwendungsersatz noch auf vielen anderen vertraglichen oder gesetzlichen Schuldverhältnissen beruhen, die teils eine eigene Anspruchsgrundlage für den Aufwendungsersatz haben, teils auch wieder auf die Regelung des § 670 BGB verweisen. Hervorgehoben seien etwa noch § 683 Satz 1 BGB bei der Geschäftsführung ohne Auftrag; §§ 684 Satz 1, 687 Abs. 2 BGB bei der unerlaubten Eigengeschäftsführung; ferner die §§ 304, 633 Abs. 3 BGB[22].

2. § 775 Abs. 1 BGB

Unter den Voraussetzungen des § 775 Abs. 1 BGB hat der Bürge bereits vor Befriedigung des Gläubigers (die ihm Rückgriff aus § 774 BGB eröffnet) gegen den Hauptschuldner einen Anspruch auf Befreiung von der Bürgenschuld. In § 775 BGB

---

21 Vgl. zu den Besonderheiten beim Kommissionsgeschäft, insb. zu der Frage, ob der Kommissionär auch Zahlung an sich und/oder den Verkäufer (Vertragspartner) verlangen darf, im einzelnen unten S. 34 ff.

22 Weitere Beispiele etwa bei Soergel-Wolf, § 257 Rn. 3; Palandt-Thomas, Anm. 1 zu § 670.

findet sich insofern eine Sonderregelung für Aufwendungen zur Bürgschaftsübernahme. Gäbe es nämlich die Regelung des § 775 nicht, gälte auch hier § 670 in Verbindung mit § 257 BGB. Durch § 775 Abs. 1 BGB wird der dem Innenverhältnis (Auftrag, Geschäftsführung ohne Auftrag oder Geschäftsbesorgungsvertrag) mit dem Hauptschuldner (Befreiungsschuldner) eigentlich zugrundeliegende Aufwendungsersatzanspruch (§ 670 BGB) mit der Möglichkeit einer Befreiung nach § 257 BGB, wegen des besonderen Zweckes der Bürgschaft, zugunsten eines speziellen, bereits vor der Befriedigung des Gläubigers gegebenen Befreiungsanspruches von der Bürgenverpflichtung modifiziert bzw. verdrängt[23]. Mit den in § 775 Abs. 1 Nr. 1 bis 4 BGB geregelten Gefährdungstatbeständen[24] wird eine über den Zweck der Bürgschaft hinausgehende Gefährdung des Rückgriffsanspruches des Bürgen bedacht und vermieden[25].

3. § 738 Abs. 1 Satz 2 BGB

§ 738 Abs. 1 Satz 2 BGB gibt einen Befreiungsanspruch aus Gesellschaftsverhältnis. Scheidet ein Gesellschafter aus einer BGB-Gesellschaft, einer OHG oder KG aus, so hat er ge-

---

23 Vgl. RGZ 59, 10 (12); Gerhardt, S. 3 und insbes. Geißler, JuS 1988, 452 (453/454) m. w. Nw.

24 Siehe hierzu ausf. Geißler, S. 454 f.

25 Siehe Geißler, oben Fußn. 23, m. w. Nw.

gen die verbleibenden Gesellschafter nach § 738 Abs. 1 Satz 2 BGB einen Anspruch auf Befreiung von den gemeinschaftlichen Schulden[26]. Entsprechendes gilt, wenn der ausgeschiedene Gesellschafter einem Gläubiger für Gesellschaftsverbindlichkeiten Sicherheiten aus seinem Privatvermögen eingeräumt hatte; sein Befreiungsanspruch geht dann auf Ablösung der Sicherheit z. B. durch Aufhebung von Grundpfandrechten[27].

Ebenso ist anerkannt, daß § 738 Abs. 1 Satz 2 BGB auch im Rahmen einer Zweimanngesellschaft gilt, wenn der verbleibende Geschäftsübernehmer das gesamte Geschäftsvermögen einschließlich der Verbindlichkeiten übernimmt[28].

Mit den vorgenannten §§ 257 Satz 1, 775 Abs. 1, 738 Abs. 1 Satz 2 BGB sind die im BGB wörtlich als Ansprüche auf "Befreiung" bezeichneten Fälle bereits aufgezählt[29]. Darüber hinaus enthält das BGB auch in Vorschriften, in denen ein Anspruch auf Befreiung nicht wörtlich genannt ist, weitere wichtige gesetzliche Entstehungsgründe für Befreiungsansprüche:

---

26 Ein Befreiungsanspruch gemäß § 738 I 2 BGB kommt auch zwischen Ehegatten nach Auseinanderfallen der Ehe in Betracht; vgl. oben S. 8 f.

27 Vgl. BGH NJW 1974, 899; ebenso bereits RGZ 132, 29 (32); allg. Meinung.

28 Z. B. RGZ 60, 155, (157); siehe auch BGH NJW 1974, 899; Palandt-Thomas, Anm. 2 b zu § 738.

29 Zu § 821 BGB oben Fußn. 15.

4. § 249 Satz 1 BGB

Da die "bloße" Belastung mit einer Verbindlichkeit bereits einen (Passiv-)Schaden darstellt[30], kann sich ein Befreiungsanspruch auch als Schadensersatzanspruch ergeben. In den Fällen, in denen der Schaden in einer vom Schädiger zu verantwortenden Belastung des Vermögens mit einer Verbindlichkeit besteht, geht der Schadensersatzanspruch, solange der Geschädigte die Verbindlichkeit nicht selbst getilgt hat[31], gemäß dem Grundsatz der Naturalherstellung in § 249 S. 1 BGB auf Befreiung von der Verbindlichkeit; d. h. m. a. W. auf Beseitigung des auf dem Vermögen des Geschädigten lastenden Passivums[32]. In erster Linie kommen Belastungen mit Schadensersatzpflichten oder mit Kosten in Betracht. Läßt z. B. ein Grundstückseigentümer ein verbotswidrig auf seinem Grundstück geparktes Fahrzeug abschleppen, wird er zunächst mit einer Verbindlichkeit (Abschleppkosten) belastet

---

30 Unbestritten; vgl. etwa BGH WM 1971, 1335 (1336); NJW 1978, 1685 (1686); 1985, 1152 (1154); NJW-RR 1987, 870; v. Thur, S. 87; Palandt-Heinrichs, Vorbem 2d v. § 249; Gerhardt, S. 5, 91 f. m.w.Nw.

31 Wenn der Geschädigte (Befreiungsgläubiger) bereits selbst die Verbindlichkeit durch Zahlung an den Drittgläubiger getilgt hat, richtet sich der Leistungsinhalt des Schadensersatzanspruches auf Vermögensausgleich nicht mehr auf Befreiung, sondern auf Zahlung; vgl. BGH NJW 1985, 1152 (1154) und im einzelnen unten S. 41 ff.

32 Z. B. BGH WM 1971, 1335 (1336); NJW 1985, 1152 (1154); Flechtheim; LZ 1908, 800 (809); Gerhardt, S. 5 m. w. Nw.

werden[33]. Zu nennen sind hier z. B. auch Fälle, in denen eine Prozeßpartei infolge eines schuldhaften Verhaltens ihres Rechtsanwaltes mit vermeidbaren Kosten und/oder Zahlungspflichten belastet wird[34]. Als Schadensersatz schuldet der Rechtsanwalt dann Befreiung von dieser Verbindlichkeit.

Nach BGH-Rechtsprechung und einem Teil der Lehre kann auch die Belastung mit einer Unterhaltspflicht gegenüber einem ungewollten Kind ein Schaden sein[35].

Bei einem auf Befreiung gerichteten Schadensersatzanspruch wegen Belastung mit einer Verbindlichkeit ist zu beachten, daß dieser Herstellungsanspruch voraussetzt, daß der Anspruchssteller tatsächlich mit dieser Verbindlichkeit belastet ist[36]. Nur wenn die Verbindlichkeit wirksam ist, ist ein Schaden vorhanden, von dem befreit werden kann.

Der Anspruchssteller (Befreiungsgläubiger) ist aber auch dann "beschwert", d. h. mit einem Schaden belastet, wenn er

---

33 Siehe allgemein zu den umstrittenen Voraussetzungen des "Abschleppens" AG Tübingen DAR 1984, 231 (232) m.w.Nw. und andererseits AG Bremen DAR 1984, 224. In diesen Fällen ging es nicht mehr um Befreiung, sondern um Erstattung, weil die Kosten bereits gezahlt waren.

34 Siehe jüngst etwa BGH NJW 1985, 1152 ff.; NJW 1986, 581 (582); WM 1988, 987; früher z. B. RGZ 146, 360; OLG Düsseldorf, JW 1933, 1668.

35 Siehe etwa BGH NJW 1980, 1450 f.; 1984, 2625 mit Übersicht über die zahlr. Gegenstimmen; ebenso Palandt-Heinrichs, Vorbem 2 d vor § 249.

36 So hat der BGH in ständiger Rspr. wiederholt zu Recht darauf hingewiesen, daß der Anspruchssteller (für eine Leistungsklage) tatsächlich mit der Verbindlichkeit "beschwert" sein müsse. Siehe jüngst BGH WM 1990, 262 (264); zuvor bereits etwa schon BGH WM 1971, 1335; 1988, 987 = BGHR, BGB § 249 Nr. 1 m. w. Nw.

weder Vermögen noch ein Einkommen zur Tilgung der Verbindlichkeit hat[37].

5. § 426 Abs. 1 Satz 1 BGB

Ein Befreiungsanspruch kann sich ferner unter Gesamtschuldnern im Rahmen des Ausgleichsanspruches aus § 426 Abs. 1 Satz 1 BGB ergeben. Nach dieser Vorschrift kann ein Gesamtschuldner - z. B. ein Mitbürge - bereits vor seiner eigenen Leistung an einen Gläubiger die Mitschuldner auf anteilige Mitwirkung bei der Befriedigung des Gläubigers in Anspruch nehmen[38]. Diese Mitwirkungspflicht begründet einen einklagbaren Anspruch des einen Gesamtschuldners gegen die anderen Mitschuldner, ihn von dem Teil der Verbindlichkeit zu "befreien", den die Mitschuldner im Innenverhältnis

37 BGH WM 1971, 1335 (1337); BGHZ 59, 148, 149 ff. = BGH NJW 1972, 1856; BGH NJW 1986, 581 (582); Staudinger-Medicus, Rn. 11 zu § 249; a.A. RGZ 146, 360; 147, 248. Gegen die Ansicht des RG bereits ausf. u. überzeugend Gerhardt, S. 91 ff., der zutr. feststellt, daß die Vermögenslage des Befreiungsgläubigers auch in allen anderen Fällen von Befreiungsansprüchen für die Begründetheit des Befreiungsanspruches unerheblich ist.

38 Daß der selbständige Ausgleichsanspruch aus § 426 Abs. 1 Satz 1 BGB schon mit der Begründung des Gesamtschuldverhältnisses entsteht, wird allgemein anerkannt; siehe etwa RGZ 79, 288 (290); BGH NJW 1957, 747; 1958, 497 mit insoweit zustimmender Anm. von Lange, a. a. O.; BGH NJW 1981, 1666 (1667); 1986, 978 (979); Palandt-Heinrichs, Anm. 2 a zu § 426.

zu tragen haben[39]. Dieser Anspruch geht auf "Befreiung"[40], also richtigerweise weder auf Zahlung an den Gesamtschuldner (Befreiungsgläubiger) selbst, noch auf Zahlung an den Gläubiger der Verbindlichkeit (Drittgläubiger)[41].

Da ein Gesamtschuldnerausgleich zwischen Ehegatten nicht durch die Vorschriften über den Zugewinnausgleich verdrängt wird, können geschiedene Ehegatten - unabhängig davon, ob sie im gesetzlichen Güterstand gelebt haben oder ob Gütertrennung bestand - Ansprüche auf Befreiung von während der Ehe eingegangenen gesamtschuldnerischen Verbindlichkeiten außerhalb des Zugewinnausgleichs geltend machen[42].

Der Befreiungsanspruch aus § 426 Abs. 1 Satz 1 BGB setzt wegen des besonderen Innenverhältnisses der Gesamtschuld-

---

39 Erstmals deutl. zutr. ausgesprochen in BGH NJW 1958, 497, bestätigt von BGH NJW 1981, 1666 (1667); 1986, 978 (979). Siehe auch LG Flensburg NJW-RR 1987, 440; Palandt-Heinrichs, Anm. 2 a zu § 426; Soergel-Wolf, § 257 Rn. 2; **a. A.** Prediger, NJW 1970, 125 (127), der in der Mitwirkungspflicht keinen Befreiungsanspruch, sondern einen Anspruch "einverständlich unter Beitragung des jeweiligen Anteils mit dem Ziel der Befreiung aller zusammenzuwirken" sieht.

40 Vgl. die Nachweise in Fußn. zuvor. Die abweichende Ansicht von Prediger, a. a. O., ist u. a. hinsichtlich der Einklagbarkeit wenig praktikabel und hat deshalb m. E. zu Recht, soweit ersichtlich, keinerlei Gefolgschaft gefunden.

41 Demgegenüber sprach BGH NJW 1957, 747 noch unzutreffend davon, daß die Mitwirkungspflicht einen Anspruch auf "Zahlung an den Gläubiger" begründe. Dagegen insoweit zu Recht auch Lange, S. 479 f. a. E. Zum Inhalt der Befreiung im einzelnen unten S. 23 ff.

42 Vgl. BGHZ 87, 265 (273); BGH NJW 1989, 1920 (1921); OLG Celle, FamRZ 1985, 710 (711).

ner voraus, daß die Verbindlichkeit, von der Befreiung verlangt wird, ihrerseits fällig ist[43].

Ein Befreiungsanspruch kann sich auch aus der "Schlüsselgewalt" nach § 1357 BGB herleiten. Aus § 1357 BGB ergibt sich, daß aus Rechtsgeschäften, die ein Ehegatte im Rahmen seiner Schlüsselgewalt (Verpflichtungsbefugnis) abschließt, regelmäßig beide Ehegatten verpflichtet werden. Sie haften dann als Gesamtschuldner (§ 421 BGB), so daß sie untereinander einen Befreiungsanspruch aus § 426 Abs. 1 Satz 1 BGB haben, den sich der Drittgläubiger pfänden und überweisen lassen kann[44].

Als Beispiele aus der Rechtsprechung sind hier etwa die Fälle zu nennen, in denen eine Ehefrau wegen Inanspruchnahme von ärztlichen Leistungen Honoraransprüchen des Arztes ausgesetzt ist[45].

---

43 Z. B. RGZ 79, 288 (290); BGH NJW 1981, 1666 (1667/1668); bes. deutl. 1986, 978 (979 r. Sp.). Zur Fälligkeit des Befreiungsanspruches im einzelnen unten S. 56 ff.

44 Z. B. KG NJW 1980, 1341 (1342).

45 Siehe BGHZ 45, 75 (81) = BGH NJW 1967, 673 (674/675) m. w. Nw. und speziell zum Befreiungsanspruch LG Flensburg, FamRZ 1965, 382 (384); KG NJW 1980, 1341 f.

6. Schadensversicherung

Außerhalb des BGB kann sich ein Befreiungsanspruch vor allem bei der Schadensversicherung im Haftpflichtversicherungs- und im Rechtsschutzversicherungsrecht ergeben.

a) Haftpflichtversicherung, § 149 VVG

Der Anspruch des Versicherungsnehmers gegen seine Haftpflichtversicherung aus § 149 VVG geht zunächst auf Befreiung von der Verbindlichkeit, mit der er belastet ist[46]. Parallel zu dem Fall des § 249 Satz 1 BGB besteht der Vermögensschaden (vgl. § 1 Abs. 1 S. 1 VVG), den die Haftpflichtversicherung nach Eintritt des Haftpflichtfalls zu decken hat, zunächst in der Belastung mit einer Verbindlichkeit. Die infolge einer Belastung mit einer Verbindlichkeit durch die Vermehrung des Passivvermögens bereits entstehende Vermögensbeeinträchtigung des Versicherungsnehmers kann der Versicherer nur dadurch decken, daß er das dem Versicherungsnehmer angewachsene Passivum beseitigt, d. h. m. a. W. den Versicherungsnehmer davon befreit[47]. Der Versicherer muß

---

46 Vgl. grundlegend und unter zutr. ausf. Hinweis auf die Interessenlage RGZ 70, 257 (260 f.); siehe auch BGHZ 15, 154 (157 f.); BGH NJW 1981, 870; OLG Stuttgart, VersR 1970, 170; OLG Düsseldorf, VersR 1981, 1072; ausf. Flechtheim, LZ 1908, 800 (808 ff.); Möller, JW 1934, 1076 (1077).

47 Vgl. Flechtheim, S. 808 f.; Möller, S. 1077.

auch unbegründete Ansprüche abwehren (sog. Rechtsschutzanspruch)[48].

Nach § 156 Abs. 2 VVG kann sich der anfänglich auf Befreiung gerichtete Inhalt des Anspruches später in einen Anspruch auf Zahlung an den Dritten (den Geschädigten bzw. Drittgläubiger) ändern, wenn die Belastung des Versicherungsnehmers mit einer Haftpflichtverbindlichkeit durch Vergleich, Anerkenntnis oder Urteil festgestellt ist. Zuvor kann der Versicherungsnehmer, solange er den Dritten selbst noch nicht befriedigt hat, von seiner Haftpflichtversicherung grundsätzlich "nur" Befreiung, nicht aber Zahlung an den Dritten (Haftpflichtgläubiger) verlangen[49].

b) Rechtsschutzversicherung, §§ 1 I 1 VVG; 1 I 1 ARB

Große praktische Bedeutung hat auch der Befreiungsanspruch des Versicherungsnehmers in der Rechtsschutzversicherung. Der Rechtsschutzversicherer hat gemäß § 1 I 1 ARB nach Eintritt des Versicherungsfalls u. a. die bei der Wahrnehmung der rechtlichen Interessen entstehenden Kosten zu tragen. Der Anspruch des Versicherungsnehmers gegen den

---

48 So ausdrücklich § 3 II. 1. der Allg. Bed. f. die Haftpflichtversicherung (AHB); vgl. auch § 150 VVG und allg. zur Interessenlage RGZ 70, 257 (260 f.) u. Flechtheim, S. 808, der zutr. anmerkt, daß der Versicherungsfall bereits mit Entstehen der Haftpflichtschuld eintritt.

49 Vgl., außer den Nw. oben in Fußn. 46, auch RGZ 81, 250 (251); Gerhardt, S. 12.

Rechtsschutzversicherer geht auf Befreiung von diesen Kosten[50]. Die Deckungsklage auf Gewährung der Hauptversicherungsleistung, nämlich der Kostentragung, ist somit keine Zahlungsklage, sondern eine Befreiungsklage. Nur wenn der Versicherungsnehmer die Kosten, von denen er Befreiung verlangen kann, bereits an den Kostengläubiger gezahlt hat, steht ihm gegen den Rechtsschutzversicherer ein Anspruch auf Zahlung an sich zu; denn (erst) nach Tilgung der Kostenverbindlichkeit geht der ursprünglich auf Befreiung gerichtete Leistungsinhalt des Versicherungsanspruches notwendig in einen Anspruch auf Gelderstattung über[51].

7. Befreiungsansprüche kraft Individualvereinbarung

Wie bereits angedeutet, können Befreiungsansprüche nicht nur auf den oben genannten gesetzlichen Regelungen, sondern auch auf vertraglichen Vereinbarungen beruhen. Ausdrückliche vertragliche Individualabreden sind angesichts der Vertragsfreiheit ein weites und vielgestaltiges Feld für die Entstehung von Befreiungsansprüchen. Als Beispiel

---

50 Siehe BGH VersR 1984, 530 (532); OLG Hamm, r+s 1989, 89 m. w. Nw.; Harbauer, § 2 Rn. 150 ff.; Bauer, NJW 1989, 2040 (2041). Der BGH, VersR 1984, 532, weist zutr. darauf hin, daß der Versicherer seine Befreiungsverpflichtung grundsätzlich auf verschiedene Weise erfüllen kann; vgl. dazu näher unten S. 23 ff. Zur Fälligkeit des Anspruches unten S. 65 in Fußn. 23; vgl. auch S. 79 in Fußn. 29.

51 Allgemein zum "Übergang" des Befreiungs- in einen Gelderstattungsanspruch unten S. 41 ff.

einer Befreiungsvereinbarung ist aus der Rechtsprechung etwa der Fall zu nennen, daß ein Ersterwerber eines Grundstückes sich durch Vereinbarung mit einem Zweiterwerber verpflichtet, diesen von Maklerprovisionsansprüchen zu befreien[52]. Wenn in einem Vertrag die alleinige Haftung für Ansprüche Dritter übernommen wird, kann dies als Befreiungsverpflichtung auszulegen sein[53]. So ist die mustermäßige Vertragsbedingung in § 11 Abs. 2 Teil B der Verdingungsordnung für Leistungen (VOL/B): "... alleinige Haftung Dritten gegenüber wegen der Verletzung gewerblicher Schutzrechte", vom BGH zutreffend ausdrücklich als typische Befreiungsklausel bezeichnet worden[54].

Insbes. vertragliche Befreiungsabreden verpflichten regelmäßig nicht nur zur Erfüllung begründeter, sondern auch zur Abwehr unbegründeter Ansprüche[55].

Die vorstehenden Beispiele veranschaulichen, daß Befreiungsansprüche aus einer Vielzahl verschiedenartiger Rechtsbeziehungen entstehen können und die Besonderheiten des je-

---

52 BGH NJW 1983, 1729 (r. Sp.). Andere Bsp. einer Befreiungsvereinbarung in BGH NJW 1983, 1729 (l. Sp.); 1984, 2151 ff.

53 BGH NJW 1970, 1594 (1595).

54 BGH NJW 1970, 1594 (1595) mit Anm. von Reinhardt, NJW 1970, 2288. Dementsprechend ist z. B. auch in § 10 Nr. 6 VOL/B eine Befreiungsvereinbarung zu sehen; vgl. dazu Reinhardt, S. 2288.

55 So BGH NJW 1970, 1594 (1595); 1983, 1729 (1730); Palandt-Heinrichs, Anm. 3 zu § 157. Ähnlich bereits RGZ 70, 257 (260) zum Haftpflichtversicherungsrecht. Vgl. näher zur Abwehrpflicht unten S. 43.

weilig zugrunde liegenden Kausalgeschäftes zu berücksichtigen sind. Den Befreiungsansprüchen ist nur ein Punkt gemeinsam, der sie von anderen Ansprüchen unterscheidet: der Leistungsinhalt des Anspruches, der regelmäßig in "Befreiung" besteht. Da Befreiungsansprüche auf den unterschiedlichsten Schuldverhältnissen beruhen können, werden sie nur durch den Inhalt der Leistung zu einem Begriff erhoben[56]. Die Befreiung von einer Verbindlichkeit ist deshalb lediglich eine besondere Inhaltsausgestaltung eines jeweiligen, sich aus dem zugrundeliegenden Schuldverhältnis ergebenden Anspruches, d. h. m. a. W., daß sowohl der Anspruch auf Befreiung - egal auf welchem Schuldverhältnis er beruht - wie auch der Zahlungsanspruch nur verschiedene Ausprägungen ein und desselben Anspruches sind[57]. Welche dieser unterschiedlichen Ausprägungen - Befreiung oder Zahlung - eingreift, hängt vom Stadium der Entwicklung der Vermögensbeeinträchtigung ab: Solange die auszugleichende Vermögenseinbuße noch in der Belastung mit einer Verbindlichkeit besteht, der Befreiungsgläubiger also seine Verbindlichkeit

56 v. Thur, S. 84 f.; Gerhardt, S. 6.

57 Siehe BGH NJW 1985, 1152 (1154); 1991, 2014 (zum Schadensersatzanspruch); Soergel-Wolf, § 257 Rn. 6; vgl. auch Gerhardt, S. 34 f. Eine Zahlungsklage unterbricht deshalb auch die Verjährung des Befreiungsanspruches und umgekehrt; siehe BGH NJW 1985, 1152 (1154); Soergel-Wolf, § 257 Rn. 7.

(noch) nicht selbst getilgt hat, richtet sich der Leistungsinhalt regelmäßig auf Befreiung[58].

III. Die Rechtsnatur des Befreiungsanspruches - Inhalt und Herbeiführung der Befreiung -

Mit dem bisherigen Überblick über den Begriff und die Anwendungsfälle des Befreiungsanspruches ist zwar bereits festgestellt, daß sich Befreiungsansprüche nur durch den Inhalt der Leistung, nämlich die "Befreiung", von anderen Ansprüchen unterscheiden, es ist aber noch nichts Näheres darüber gesagt, worin die Befreiung besteht bzw. zu bestehen hat, so daß auf den Inhalt und die Herbeiführung der "Befreiung" näher einzugehen ist.

Da sich Befreiungsansprüche nur im Inhalt der Leistung von anderen Ansprüchen unterscheiden, kann schon jetzt gesagt werden, daß Besonderheiten und Probleme bei der Durchsetzung von Befreiungsansprüchen sowohl im Erkenntnis- als auch im Vollstreckungsverfahren vor allem aus dem besonderen Anspruchsinhalt resultieren können. Aus einer näheren Definition des Anspruchsinhaltes, m. a. W. der Befreiung, lassen sich deshalb auch zumindest Lösungsansätze

---

58 Vgl. BGH NJW 1985, 1152 (1154); Gerhardt, S. 34 f. Im einzelnen zur Tilgung der Verbindlichkeit durch den Befreiungsgläubiger unten S. 41 ff.

für die Behandlung des Befreiungsanspruches im Erkenntnis- und Vollstreckungsverfahren erwarten.

1. Der Anspruch des Befreiungsgläubigers und die Verpflichtung des Befreiungsschuldners im Regelfall

a) Der Anspruch des Befreiungsgläubigers

Der Befreiungsgläubiger kann vom Befreiungsschuldner in der Regel "nur" allgemein "Befreiung" von seiner Verbindlichkeit und nicht Zahlung des zur Tilgung seiner Verbindlichkeit erforderlichen Geldbetrages an sich oder an den Drittgläubiger verlangen[1].

Dies entspricht dem ausdrücklichen Gesetzeswortlaut der §§ 257 Satz 1, 738 Abs. 1 Satz 2, 775 Abs. 1 BGB, in denen ganz allgemein von "Befreiung" die Rede ist[2]. Die Befreiung besteht in der Beseitigung des auf dem Vermögen des Befrei-

---

1 Z. B. BGHZ 91, 73 (77) = BGH NJW 1984, 2151 m. w. Nw.; BGH NJW 1989, 1920 (1922); Staudinger-Selb, § 257 Rn. 5; Soergel-Wolf, § 257 Rn. 5 u. 6; Palandt-Heinrichs, § 257 Anm. 2; Flechtheim, S. 809 f.; von Olshausen, AcP 182, 254 (255); ausf. Gerhardt, S. 9 f. - Etwas anderes kann sich im Einzelfall aus dem zugrundeliegenden Kausalgeschäft ergeben, siehe dazu unten S. 48 ff. In den seltenen Fällen, in denen der Befreiungsschuldner mit dem Gläubiger der Verbindlichkeit identisch ist (vgl. oben S. 6, Fußn. 15), konkretisiert sich der Anspruch zwangsläufig in einen direkten Anspruch auf Aufhebung, Erlaß oder Verzicht; siehe Gerhardt, S. 11 (aa).

2 Flechtheim, S. 810 und Gerhardt, S. 9, weisen zutreffend darauf hin, daß es sich dabei um eine bewußte Abweichung vom Entwurf I des BGB handelt; vgl. Motive II, S. 542; Protokolle II, S. 366 f.

ungsgläubigers in Form einer Verbindlichkeit lastenden Passivums[3]. Solange die vermögenswerte Einbuße in dem Vorstadium der Belastung des Vermögens mit einer Verbindlichkeit besteht, ist es auch sach- und interessengerecht, daß der geschuldete Vermögensausgleich durch Befreiung von ebendieser Verbindlichkeit herbeigeführt wird[4]. Erst wenn und soweit der Befreiungsgläubiger selbst an den Drittgläubiger geleistet und damit die Verbindlichkeit getilgt hat, geht der Anspruch nicht mehr auf Befreiung, sondern auf Erstattung des zur Schuldtilgung aufgewandten Geldbetrages[5].

Geht der Anspruch allgemein auf Befreiung, bleibt es dem Befreiungsschuldner überlassen, auf welche Weise er den Befreiungsgläubiger von dessen Verbindlichkeit gegenüber dem Drittgläubiger befreien will[6]. Er muß "lediglich" im Ergebnis die Forderung des Drittgläubigers aus der Welt schaffen. Wie dies zu geschehen hat, d. h. wodurch zu befreien ist, ist im Gesetz nicht näher geregelt. Außer durch Leistung an den Drittgläubiger (nicht an den Befreiungsgläubiger!), die gemäß §§ 267, 362 Abs. 1 BGB dessen Forderung tilgt, kann der Befreiungsschuldner die Befreiung z. B. auch erreichen, wenn er den Drittgläubiger zu einem Erlaßvertrag (§ 397 BGB) oder zu

3 Vgl. Flechtheim, S. 809; Gerhardt, S. 5; Güntner, S. 195; siehe auch v. Thur, S. 85, 89, 93; ferner schon oben S. 13.

4 Vgl. Gerhardt, S. 9/10; siehe auch schon Möller, JW 1934, 1076 (1077, 1078).

5 Im einzelnen unten S. 41 ff.

6 Siehe RGZ 47, 118 (125); Flechtheim, S. 809; ferner die Nw. oben S. 24 in Fußn. 1.

einer befreienden Schuldübernahme (§§ 414 ff. BGB) bewegen kann[7]. Der Befreiungsanspruch ist demnach kein Zahlungsanspruch, insb. kein Anspruch auf Zahlung an einen Dritten[8]. Da nur ein Leistungsgegenstand - die Befreiung - geschuldet wird und der Befreiungsschuldner, ebenso wie vielfach ein Beklagter bei einer geschuldeten Beseitigung von Immissionen, lediglich bezüglich der Mittel, mit denen er den geschuldeten Erfolg herbeiführen will (nicht aber hinsichtlich der Schuld selbst), die Wahl zwischen mehreren Möglichkeiten hat, handelt es sich nicht um eine Wahlschuld im Sinne von § 262 BGB[9]; der Wortlaut des § 262 BGB setzt voraus, daß sich das Wahlrecht auf verschiedene Leistungsgegenstände bezieht.

Festzuhalten bleibt, daß der Anspruch des Befreiungsgläubigers allgemein auf Befreiung geht und der Befreiungsgläu-

---

7 Vgl. die Nw. o. S. 24 in Fußn. 1; ferner Möller, S. 1077. Auch der Abschluß eines unbefristeten "pactum de non petendo" kann als ausreichende Befreiung anzusehen sein, da wegen des dadurch entstehenden dauernden Leistungsverweigerungsrechts die Forderung des Drittgläubigers nicht mehr durchsetzbar ist; vgl. Güntner, S. 206.

8 Vgl. Soergel-Wolf, § 257 Rn. 5 u. 6; Güntner, S. 196; Reiche, S. 856 und die w. Nw. oben S. 24 in Fußn. 1.
Demgegenüber sehen Scheuerle, JZ 1958, 27 u. insbes. Trinkl, NJW 1968, 1078, den Befreiungsanspruch als einen Anspruch auf Zahlung an den Drittgläubiger. Damit verkennen sie die Rechtsnatur des Befreiungsanspruches; im einzelnen dazu unten S. 30 ff. u. dort insbes. Fußn. 19 u. 23. BGHZ 25, 1 (7) ist mißverständlich, da es dort heißt, daß der Befreiungsgläubiger verlangen könne, daß die "Zahlung" an den Drittgläubiger erfolge.

9 Vgl. z. B. RGZ 114, 395; OLG Zweibrücken, OLGZ 74, 317 (319); Gerhardt, S. 10 m. w. Nw.; a. A. wohl Münchkomm-Pecher, § 775 Rn. 13; Schulte, S. 902; Geißler, S. 457. Siehe hierzu auch unten S. 73.

biger deshalb keine Zahlung, weder an sich noch an den Drittgläubiger, fordern kann.

b) Die Verpflichtung des Befreiungsschuldners

Andererseits kann auch der Befreiungsschuldner die Befreiung nicht einfach dadurch herbeiführen, daß er den zur Tilgung der Verbindlichkeit erforderlichen Geldbetrag an den Befreiungsgläubiger zahlt[10]. Dadurch hat der Befreiungsschuldner seine Verpflichtung nicht erfüllt. Er hat keine Ersetzungsbefugnis. Der Befreiungsschuldner schuldet "Befreiung", d. h. Naturalersatz durch Herstellung des Zustandes, der ohne Belastung mit der Verbindlichkeit bestünde[11], und nicht Zahlung. Die dem Befreiungsgläubiger infolge der Belastung mit einer Verbindlichkeit durch Vermehrung der Passiven entstehende Vermögensbeeinträchtigung kann der Befreiungsschuldner nur dadurch aufheben, daß er diese Drittverbindlichkeit beseitigt. Da es sich beim Befreiungsanspruch um einen Herstellungs- und mithin um einen Natu-

---

10 Z. B. RGZ 70, 257 (260 f.); BGHZ 15, 154 (159); 25, 1 (7); Staudinger-Selb, § 257 Rn. 5; Soergel-Wolf, § 257 Rn. 6; Palandt-Heinrichs, § 257 Anm. 2; Flechtheim, S. 809 f.; von Olshausen, S. 255; Reiche S. 856; ausf. Gerhardt, S. 17 ff.; a. A. früher noch W. Lehmann, JR 1933, 130.

11 Vgl. BGHZ 91, 73 (76 f.); BGH NJW 1989, 1920 (1922); Soergel-Wolf, § 257 Rn. 5; Flechtheim, S. 810 ("Individualleistung"); Möller, S. 1077; Gerhardt, S. 10; Güntner, S. 195 f. ("Individualanspruch"); Gursky KTS 1973, 27.

ralersatzanspruch handelt[12], ist der Befreiungsschuldner grundsätzlich verpflichtet, den Gläubiger so zu stellen, wie er ohne die Belastung mit der Verbindlichkeit stünde, und ihn vom Risiko der Inanspruchnahme zu befreien.

Gegenüber einer Leistungsklage auf Befreiung hat der Befreiungsschuldner allerdings - regelmäßig ohne an das Ergebnis eines etwaigen vorherigen Prozesses zwischen Drittgläubiger und Befreiungsgläubiger gebunden zu sein[13] - die Möglichkeit, einzuwenden, daß eine Verbindlichkeit des Befreiungsgläubigers dem Grund oder der Höhe nach überhaupt nicht bestehe; denn die Befreiungsverpflichtung ist akzessorisch, d. h. in Entstehung, Umfang und Inhalt von dem Vorhandensein einer Drittschuld abhängig[14].

Wie der BGH[15] zu vertraglichen Befreiungsansprüchen wiederholt zutreffend festgestellt hat, umfaßt die Befreiungs-

---

12 Siehe Möller, S. 1077; Soergel-Wolf, § 257 Rn. 5; Gerhardt, S. 10 m. w. Nw.

13 Die Rechtskraft wirkt nur zwischen den Parteien des Rechtsstreites , so daß eine *Bindungswirkung* grundsätzlich nur über eine Streitverkündung möglich ist; vgl. Gerhardt, S. 97, in Fußn. 46. In der Haftpflicht- und Rechtsschutzversicherung (s. o. S. 18 f.) wird aber aus der Natur des Versicherungsanspruches eine Bindung hinsichtlich Grund und Höhe der Drittschuld hergeleitet; vgl. RGZ 167, 234 (246 f.); BGH NJW 1959, 256 (257); LG Hagen ZfS 1983, 17 m. w. Nw.

14 Vgl. dazu Güntner, S. 199 f.

15 BGH NJW 1970, 1594 (1595); 1983, 1729 (1730); ebenso RGZ 70, 260; Soergel-Wolf, § 257 Rn. 5; Palandt-Heinrichs, Anm. 3 zu § 157. Im Haftpflichtrecht ist dementsprechend in § 3 II. 1. AHB ausdrücklich die Pflicht des Versicherers zur "Abwehr unbegründeter Ansprüche" genannt; vgl. auch § 150 I VVG.

verpflichtung regelmäßig auch bereits eine Pflicht zur Abwehr unbegründeter Ansprüche.

Mit einer Zahlung an den Befreiungsgläubiger tritt der geschuldete Befreiungserfolg - die Beseitigung der Drittverbindlichkeit - noch nicht ein. Der Befreiungsschuldner begibt sich deshalb durch Zahlung an den Befreiungsgläubiger in die Gefahr einer nochmaligen Inanspruchnahme, die dann droht, wenn ein (zahlungsunfähiger) Befreiungsgläubiger die ihm zu seiner Befreiung zugeflossene Zahlung nicht an den Drittgläubiger weiterleitet[16]. Die Zahlung an den Befreiungsgläubiger wäre eine Schuldänderung, die der Zustimmung des Befreiungsgläubigers bedürfte (§ 364 Abs. 1 BGB)[17]. Für den Befreiungsgläubiger kann die Befreiung von der Verbindlichkeit nämlich, wie sich im folgenden zeigen wird, auch vorteilhafter sein als eine Zahlung des zur Tilgung erforderlichen Geldbetrages an ihn.

16 Vgl. Kretschmer, NJW 1962, 141 (r. Sp.), wo es speziell um den Befreiungsanspruch des Bürgen geht.

17 Vgl. RGZ 70, 257 (260 f.); BGHZ 15, 154 (159); 25, 1 (7 f.); Soergel-Wolf, § 257 Rn. 6; Palandt-Heinrichs, Anm. 2 zu § 257; Gerhardt S. 17; v. Olshausen, S. 255.

2. Die Rechtsnatur der Befreiung
- Die Befreiung als Aliud zur Zahlung -

Wenn in Rechtsprechung und Schrifttum zutreffend davon gesprochen wird, daß der Befreiungsanspruch im Regelfall "nur" ein Recht allgemein auf Befreiung, nicht aber auf Zahlung gibt, stellt sich die grundlegende Frage nach dem Rechtscharakter der Befreiung, d. h. insb. danach, ob die Befreiung ein Minus gegenüber der Zahlung ist[18]. Gegen die Annahme eines Minus spricht, daß für den Befreiungsgläubiger die Befreiung von der Verbindlichkeit sogar günstiger sein kann als eine Zahlung des zur Tilgung erforderlichen Geldbetrages an ihn: Er erspart sich nämlich bei einer Geldschuld die Leistungsgefahr, Kosten und Mühen einer Übermittlung des Geldbetrages an den Drittgläubiger, die er sonst gem. § 270 Abs. 1 BGB zu tragen hätte[19]. Diese Abnahme des Übermittlungsrisikos (§ 270 I BGB) durch den Befreiungsschuldner ist, als Bestandteil von dessen Befreiungsverpflichtung, der entscheidende Unterschied zwischen Befreiungs- und Zahlungsanspruch[20]. Der Befreiungsschuldner, der einen Geldbetrag

---

18 Diese Frage hat u. a. konkrete prozessuale Bedeutung im Rahmen von §§ 308 Abs. 1, 264 ZPO. Vgl. dazu unten S. 121 ff.

19 Ebenso insb. BGHZ 25, 1 (7); v. Olshausen, S. 255; Gerhardt, S. 17, 18.

20 Vgl. Soergel-Wolf, § 257 Rn. 6; ferner die Nw. oben in Fußn. zuvor. Die Leistungsgefahr (§ 270 BGB) wird von Schulte, S. 902, der Befreiung und Zahlung, wirtschaftlich gesehen, für gleichbedeutend hält, und von Trinkl, S. 1078, der den Befreiungsanspruch sogar als Zahlungsanspruch ansieht, "wenn auch als Anspruch auf Zahlung an einen Dritten (den Drittgläubiger)", gänzlich außer acht gelassen.

an den Drittgläubiger übermittelt, um seinen Befreiungsgläubiger von dessen Verbindlichkeit zu befreien, muß nach § 270 I BGB noch einmal leisten, wenn der Geldbetrag bei der Übermittlung, etwa infolge mehrgliedriger Überweisung oder Konkurses einer Zwischenbank, verlorengeht[21]. Darüber hinaus hat der Befreiungsschuldner dem Befreiungsgläubiger bei einer verzinslichen Forderung auch die Zinsen abzunehmen, die bis zur erfolgreichen Übermittlung an den Drittgläubiger entstehen[22]. Diese durch Abwälzung der Übermittlung eines Geldbetrages entstehenden Vorteile, die häufig übersehen werden, sind auch außerhalb von Sonderfällen, wie z. B. einem Devisenausländer als Drittgläubiger[23], zumindest nicht unerheblich. Deshalb ist der Befreiungsanspruch, entgegen einer zum Teil vertretenen Meinung, auch und gerade wirtschaftlich betrachtet, einem Zahlungsanspruch nicht gleich-

---

21 Vgl. in diesem Zusammenhang RGZ 78, 137 (140); Soergel-Wolf, § 257 Rn. 6, v. Olshausen, S. 255.

22 v. Olshausen, S. 255.

23 Vgl. BGHZ 25, 1 (7) = JZ 58, 24 mit Anm. von Scheuerle = BGH LM § 387 BGB Nr. 25 mit Anm. von Johannsen.

artig[24] und erst recht nicht "minder"[25]. Im Gegenteil kann der Befreiungsgläubiger, wirtschaftlich gesehen, bei Befreiung mehr erhalten, als er bei Zahlung beanspruchen kann. Der Befreiungsschuldner schuldet Herstellung des Zustandes, der ohne Belastung mit einer Verbindlichkeit bestünde; er ist weder verpflichtet noch ohne Zustimmung des Befreiungsgläubigers berechtigt, an diesen zu zahlen[26]. Die Befreiung bezweckt, im Gegensatz zur Gelderstattung, nicht den Ersatz bereits verlorenen Aktivvermögens, sondern dient zur Aufhebung eines Passivums, d. h., m. a. W., zur Abwendung eines drohenden Verlustes im Aktivvermögen. Der Befreiungsgläubiger hat ein Interesse daran, frei über sein Vermögen disponieren zu können und kein eigenes Vermögen zur Schuldtilgung "vorlegen" zu müssen. Hinzu kommt, daß zum Wesen der Befreiung nicht nur die Tilgung begründeter Verbindlichkeiten, sondern auch bereits die Abwehr unbegründeter An-

---

24 So aber, hinsichtlich der Frage der Aufrechenbarkeit gegenüber dem Befreiungsanspruch, OLG Hamm, OLGE 38, 66; OLG Bremen, NJW 1963, 208; Schulte, S.902 (hins. der Vollstr. des Befreiungsanspruches); Trinkl, S.1078 u. ähnl. Scheuerle, S. 27, der von Gleichartigkeit ausgeht, "wenn nicht gerade die Notwendigkeit der Leistung an den Dritten von erheblicher Bedeutung für die Vertragsabwicklung" sei. Scheuerle verkennt dabei, daß der Befreiungsanspruch eben nicht ein Anspruch auf Zahlung an einen Dritten, sondern allgemein auf Befreiung ist und der Befreiungsschuldner den Befreiungserfolg auch anders als durch Zahlung an den Dritten herbeiführen kann. Vgl. gegen die Ansicht von Scheuerle auch Johannsen, a. a. O. u. Gerhardt, S. 74.

25 So aber Geißler, JuS 1988, 438 bei Fußn. 30.

26 Z. B. BGHZ 91, 73 (76 f.); Güntner, S. 196; Gursky, KTS 1973, 27 (25) und die Nw. oben S. 27 in Fußn. 10.

sprüche gehört[27]. Die Befreiung kann demnach gegenüber Zahlung, auch wirtschaftlich betrachtet, im Einzelfall sowohl mehr als auch weniger sein, so daß der Befreiungsanspruch gemäß seiner Natur als Naturalherstellungsanspruch im Verhältnis zur Zahlung grundsätzlich weder ein Minus noch ein Mehr, sondern qualitativ etwas anderes, ein *Aliud*, ist. *Möller*[28] stellt deshalb im Ergebnis zutreffend fest, daß ein Befreiungsanspruch "nichts anderes als ein Anspruch auf Naturalersatz ist, der von einem Geldanspruch auch dann verschieden ist, wenn der Befreiungsschuldner die Drittschuld mit Geld tilgt". Im neueren Schrifttum wird diese Konsequenz, soweit ersichtlich, nirgends explizite festgestellt. Der *BGH*[29] hat allerdings die Aufrechenbarkeit zwischen Befreiungs- und Zahlungsanspruch ausdrücklich damit verneint, daß Zahlung nicht mehr oder weniger, sondern "etwas anderes" sei[30]. Daß sowohl der Befreiungsanspruch wi^ auch der Zahlungsan-

---

27 Vgl. BGH NJW 1970, 1594 (1595); 1983, 1729 (1730); Soergel-Wolf, § 257 Rn. 5.

28 Möller, JW 1934, 1076 (1077). Ebenso Güntner, S. 196: "Geldforderung und Befreiungsanspruch sind (auch bei einer Gelddrittschuld) wesensverschieden und selbst bei wirtschaftlicher Betrachtungsweise nicht gleichartig". Vgl. auch Flechtheim, LZ 1908, 802 (809, 810).

29 BGHZ 25, 1 (8).

30 Dementsprechend hat BGHZ 29, 337 = NJW 1959, 887 (l. Sp. unter 2.), zutr. auch den Übergang von einer irrtümlich erhobenen Zahlungs- zu einer Befreiungsklage als Klageänderung gewertet, während noch RGZ 139, 315 (322) lediglich von einer Beschränkung des Klageantrages ausging. Vgl. im einzelnen zu diesen prozessualen Fragen unten S. 121 ff. Auch das OLG Köln, MDR 1985, 769, stellt, im Zusammenhang mit der Streitwertfrage, im Ergebnis zutreff. fest, daß im Befreiungsbegehren kein Minus gegenüber dem Zahlungsbegehren gesehen werden kann.

spruch nur unterschiedliche Ausprägungen ein und desselben Anspruches sind[31], vermag nichts daran zu ändern, daß der Inhalt der Leistung - Naturalersatz einerseits und Geld andererseits - grundlegend verschieden ist. Aus dieser Erkenntnis lassen sich, wie sich später noch zeigen wird, viele Lösungen für die prozessuale Behandlung des Befreiungsanspruches ableiten.

3. Ausnahmen in Inhalt und Herbeiführung der Befreiung wegen des zugrundeliegenden Kausalgeschäftes

Ausnahmen von dem oben dargelegten Grundsatz, daß der Befreiungsgläubiger weder Zahlung an sich noch an den Drittgläubiger, sondern nur allgemein Befreiung verlangen kann und andererseits der Befreiungsschuldner auch nicht einmal zur Zahlung an den Befreiungsgläubiger befugt ist, können sich im Einzelfall aus dem jeweiligen Rechtsverhältnis, das dem Befreiungsanspruch zugrunde liegt, ergeben.

Liegt ein Vertrag zugrunde, kann ein besonderer Inhalt des Befreiungsanspruches vertraglich vereinbart sein[32]. Wegen der Vertragsfreiheit steht es den Parteien offen, eine vom Grundsatz der Befreiung abweichende Regelung zu treffen, indem sie z. B. statt Befreiung ein Recht des Befreiungsgläu-

---

31 Dazu oben S. 22 bei Fußn. 57.

32 Reiche, S. 856; Gerhardt, S. 11, 12, 24 m. w. Nw.

bigers vereinbaren, Zahlung an sich oder an den Drittgläubiger zu verlangen oder aber andererseits auch dem Befreiungsschuldner eine Ersetzungsbefugnis einräumen, den zur Schuldtilgung erforderlichen Geldbetrag an den Befreiungsgläubiger zu zahlen.

Es ist auch möglich, daß der Befreiungsgläubiger vom Drittgläubiger ermächtigt wird, Leistung an sich zu fordern[33].

Beruht der Befreiungsanspruch auf Gesetz, kann sich aus der maßgeblichen Anspruchsgrundlage und der besonderen Ausgestaltung des zugrundeliegenden Rechtsverhältnisses ausnahmsweise ein bestimmter Inhalt des Befreiungsanspruches ergeben[34]. In Betracht kommen vor allem jene Fälle im Rahmen von § 257 Satz 1 BGB, denen ein Auftrags- bzw. Kommissionsverhältnis (§§ 670 BGB, 396 Abs. 2 HGB) zugrunde liegt. Das *RG*[35] hat festgestellt, daß es vielfach dem Auftragsverhältnis, insbesondere regelmäßig dem Kommissionsgeschäft entspreche, daß die Befreiung durch Zahlung des Beauftragten (Kommissionärs) an seinen Gläubiger (Vertragspartner, Drittgläubiger) erfolge und daß der Auftraggeber (Kommittent) ihm zu diesem Zwecke entweder vor Eingehung der Verbindlichkeit den erforderlichen Vorschuß, im Auf-

---

33 BGH WM 1971, 1336 (1337 l. Sp.).

34 Vgl. Palandt-Heinrichs, Anm. 2 zu § 257; Gerhardt, S. 12, 24; Reiche, S. 856.

35 RGZ 47, 118 (125). Siehe allgemein zum Kommissionsverhältnis bereits oben S. 9 f.
Im Auftragsrecht sieht § 669 BGB einen Vorschuß vor.

tragsrecht sieht § 669 BGB einen Vorschuß vor, oder nachträglich die erforderliche Deckung leiste.

Aufgrund dieser "gewöhnlichen Erledigung des Kommissionsverhältnisses" folgerte das *RG* wohl ein besonderes Recht des Kommissionärs (Befreiungsgläubigers), vom Kommittenten (Befreiungsschuldner) anstatt allgemein Befreiung wahlweise Zahlung an sich oder seinen Vertragspartner (Drittgläubiger) zu verlangen.

Dem Kommittenten (Befreiungsschuldner) räumte das *RG* andererseits die Befugnis ein, seiner Befreiungsverpflichtung ausnahmsweise durch Zahlung an den Kommissionär zu genügen[36].

Soweit ersichtlich, fanden die Schlußfolgerungen des *RG* im Schrifttum uneingeschränkte Zustimmung[37].

Im Gegensatz dazu führt der *BGH*, ohne dabei das Urteil des RG zu erwähnen, in seiner Entscheidung vom 8. 10. 1964[38], die von *Gerhardt*[39] nicht berücksichtigt ist, differenzierend und einschränkend aus, daß der Kommittent (Befreiungsschuldner) zwar befugt sei, seiner Befreiungsverpflichtung durch Zahlung an den Kommissionär (Befreiungsgläubiger) zu genügen, daß aber der Kommissionär, solange er seinen Vertragspartner (Drittgläubiger) noch nicht befrie-

---

36 RGZ 47, 118 (125).

37 Siehe Gerhardt, S. 14, 24; Reiche, S. 856.

38 BGH NJW 1965, 249 (250/251).

39 Gerhardt, S. 12, 24.

digt habe, keinen Anspruch auf Bezahlung habe, d. h. m. a. W., daß der Kommittent zwar an den Kommissionär zahlen dürfe, es aber nicht müsse[40].

Dem ist m. E. beizupflichten. Es besteht weder eine Grundlage noch ein Erfordernis aus dem Auftrags- bzw. Kommissionsverhältnis dafür, den Anspruch des Beauftragten oder Kommissionärs, in Abweichung von der gesetzlichen Regelung in § 257 BGB, statt auf Befreiung von vornherein auf Zahlung gehen zu lassen. Die Aufwendungen des Einkaufskommissionärs, die zunächst darin bestehen, daß er seinem Vertragspartner gegenüber die Verpflichtung zur Kaufpreiszahlung übernimmt, werden dem Kommissionär dadurch ersetzt, daß ihn der Kommittent von dieser Verbindlichkeit befreit (§ 257 BGB), wozu dem Kommittenten verschiedene Möglichkeiten der Befreiung gegeben sind[41]. Gelingt es dem Kommittenten nicht, den Drittgläubiger zu einer befreienden Schuldübernahme, einem Erlaßvertrag o. ä. zu bewegen, bleibt ihm dann als Regelfall ohnehin nur die Leistung an den Drittgläubiger (§§ 267 Abs. 1, 362 Abs. 1 BGB). Solange der Kommissionär selbst noch nicht an seinen Vertragspartner gezahlt hat, ist der Anspruch auf Befreiung sachgerecht und der Interessenlage entsprechend. Es besteht kein zwingendes Bedürfnis entgegen § 257 BGB und dem Wesen der Befreiung

---

40 Daß der BGH insofern vom RG abweicht, wird von Reiche, S. 856, nicht gesehen.

41 Vgl. BGH NJW 1965, 249 (250/251).

zuwider, von vornherein einen Anspruch des Kommissionärs auf Zahlung an sich oder an den Drittgläubiger zu konstruieren und damit im Ergebnis dem Kommittenten eine andere, der Befreiung entsprechende, Möglichkeit der Schuldtilgung abzuschneiden. Für den Fall, daß der Kommissionär selbst an den Drittgläubiger zahlt, geht der Befreiungsanspruch sowieso in einen Gelderstattungsanspruch über.

Darin, daß der Kommittent an den Kommissionär zahlen darf und damit seiner Befreiungsverpflichtung ausnahmsweise genügt, stimmen *RG* und *BGH* zu Recht überein. Mit dieser Befugnis des Kommittenten wird dem Umstand Rechnung getragen, daß das Ausführungsgeschäft auf Rechnung des Kommittenten geht (§ 383 HGB) und er, wirtschaftlich gesehen, Herr des Ausführungsgeschäftes ist. Da er sich des Kommissionärs zur Erreichung seiner eigenen wirtschaftlichen Zwecke bedient und ihn insofern die Vorteile und Nachteile des Ausführungsgeschäftes treffen[42], ist ihm wegen der wirtschaftlichen Interessenlage die Möglichkeit einzuräumen, an den Kommissionär zu zahlen, um diesem die Erfüllung des Ausführungsgeschäftes zu ermöglichen.

Über das Kommissionsgeschäft hinaus läßt sich zusammenfassend feststellen, daß es in all jenen Fällen des § 257 Satz 1 BGB, die auf einem Auftragsverhältnis beruhen, dem besonderen Auftragscharakter entspricht, dem Befreiungsschuldner (Auftraggeber) ausnahmsweise die Befugnis zu ge-

42 Vgl. BGH NJW 1965, 249 (250).

ben, seiner Befreiungsverpflichtung einfach durch Zahlung des zur Schuldtilgung erforderlichen Geldbetrages an den Befreiungsgläubiger (Beauftragten) zu genügen, ohne ihn jedoch andererseits zur Zahlung an den Befreiungsgläubiger zu verpflichten.

Da z. B. auch bei einem durch Gefälligkeitsakzept eingeräumten Kredit das zugrundeliegende Geschäft als Auftragsverhältnis zu werten ist[43], stellt *Reiche*[44] insoweit überzeugend fest, daß auch dort der Befreiungsanspruch ausnahmsweise durch Zahlung an den Gefälligkeitsakzeptanten (Befreiungsgläubiger) erfüllt werden kann[45].

Außerhalb des Auftragsrechts hat der *BGH*[46] beim Werkvertrag für den Fall des Aufwendungsersatzanspruches des Bestellers nach § 633 Abs. 3 BGB bzw. für den gleich zu beurteilenden § 13 Nr. 5 Abs. 2 VOB (B) aufgrund einer erweiternden Auslegung und wegen der besonderen Interessenlage beim Werkvertrag aus Billigkeitsgründen nach § 242 BGB zu Recht ausnahmsweise, über § 257 BGB hinaus, bereits einen direkten Vorschußanspruch des Bestellers (Befreiungsgläubi-

---

43 Siehe dazu RGZ 120, 205 (208); BGHZ 19, 282 (293); OLG Hamburg WM 1988; 864.

44 Reiche, S. 856 (6.b).

45 Reiche, S. 856, läßt hierbei jedoch wohl offen, ob auch eine Verpflichtung zur Zahlung an den Befreiungsgläubiger bestehen soll, was m. E., wie oben dargelegt, für das Auftragsverhältnis zu verneinen ist.

46 Vgl. BGHZ 47, 272 (273 f.); 68, 372 (377 f.); ferner aus der Lit. etwa Soergel-Wolf, § 257 Rn. 6; Palandt-Heinrichs, § 257 Anm. 2 u. § 633 Anm. 4.

gers) auf Zahlung der voraussichtlichen Mängelbeseitigungskosten entwickelt.

Solch ein besonderer, vom Regelfall abweichender, Inhalt des Befreiungsanspruches kann im Einzelfall auch auf anderen für Befreiungsansprüche maßgeblichen Anspruchsgrundlagen beruhen. So kann der Befreiungsgläubiger bei einem Befreiungsanspruch, der sich aus § 249 Satz 1 BGB ergibt[47], statt der Herstellung (Befreiung), ausnahmsweise nach § 249 Satz 2 BGB auch den dazu (zur Schuldtilgung) erforderlichen Geldbetrag verlangen, wenn seine Verbindlichkeit, mit der er belastet ist, aus einer "Verletzung einer Person oder der Beschädigung einer Sache" folgt[48]. Diese Besonderheiten, die sich im Einzelfall aus dem zugrundeliegenden Rechtsverhältnis ergeben können, dürfen jedoch nicht darüber hinwegtäuschen, daß der Befreiungsanspruch - wie oben dargelegt - ein Aliud gegenüber dem Zahlungsanspruch ist und deshalb im Regelfall zu einer Zahlung an den Gläubiger weder verpflichtet noch berechtigt, sondern (nur) auf die oben bereits näher definierte Befreiung geht und dementsprechend auch durch Befreiung zu erfüllen ist.

---

47 Dazu oben S. 13 ff.

48 Vgl. auch Gerhardt S. 12.

4. Der "Übergang" des Befreiungsanspruches in einen Gelderstattungsanspruch in der Person des Befreiungsgläubigers

Nachdem oben (B. 3.) die Fälle untersucht wurden, in denen der Befreiungsanspruch wegen Besonderheiten des zugrundeliegenden Schuldverhältnisses von Anfang an einen bestimmten Inhalt ausnahmsweise auf Zahlung hat, bleibt im folgenden zu erörtern, unter welchen Voraussetzungen, d. h. durch welche Ereignisse, der Befreiungsanspruch im nachhinein in einen Gelderstattungsanspruch "übergehen" kann.

a) Bei Tilgung der Verbindlichkeit durch den Befreiungsgläubiger

Aus Unkenntnis des Befreiungsanspruches, dessen Bedeutung für den Befreiungsgläubiger nicht unterschätzt werden darf[49], wird in der Praxis vom Befreiungsgläubiger häufig (sofort) an den Drittgläubiger gezahlt, anstatt einen Befreiungsanspruch gegen den Befreiungsschuldner geltend zu machen.

Lange Zeit ging man in Rechtsprechung und Schrifttum im Ergebnis uneingeschränkt davon aus, daß ohne weiteres

---

49 Vgl. oben S. 30 ff.; zum Zweck der Befreiung ferner Güntner, S. 201 (V.).

infolge einer jeden eigenen Tilgung der Verbindlichkeit durch den Befreiungsgläubiger anstelle des Befreiungsanspruches ein Anspruch auf Erstattung des zur Schuldtilgung aufgewandten Geldbetrages trete[50], ohne daß man dabei auf die Berechtigung der Tilgung durch den Befreiungsgläubiger einging[51]. Damit wurde stillschweigend vorausgesetzt, daß der Befreiungsgläubiger stets jederzeit und sofort zur Tilgung berechtigt sei. Dies widerspricht jedoch dem Wesen des Befreiungsanspruches. Bei einer sofortigen uneingeschränkten Tilgungsberechtigung des Befreiungsgläubigers könnte dieser dem Befreiungsschuldner von vornherein die Möglichkeit nehmen, die eigentlich und ursprünglich geschuldete Befreiung, die auch, wie bereits oben aufgezeigt, anders als durch Zahlung (an den Drittgläubiger) bewirkbar ist, herbeizuführen.

So ist denn auch im Haftpflichtrecht der Versicherungsnehmer nach § 5 Nr. 5 S. 1 der Allgemeinen Versicherungsbedingungen (AHB) grundsätzlich nicht berechtigt, ohne vorherige Zustimmung des Versicherers einen Haftpflichtanspruch zu befriedigen. Im Gesetz hat die Tilgungsberechtigung des

---

50 Die überwiegend gebrauchte Formulierung, daß sich der Befreiungsanspruch in einen Erstattungsanspruch "umwandele" bzw. "verwandele" (z. B. RGZ 143, 192 (193); OLG Hamm, r+s 1989, 89) ist insofern ungenau, als Befreiung wie auch Zahlung lediglich verschiedene Ausprägungen des Leistungsinhaltes ein und desselben Anspruches aus dem zugrundeliegenden Schuldverhältnis sind; es ändert sich also der Leistungsinhalt und nicht der Anspruch selbst; vgl. dazu oben S. 22 bei Fußn. 57.

51 Vgl. insb. RGZ 78, 26 (34); 143, 192 (193); v. Thur, S. 90; Gerhardt S. 34 f.

Befreiungsgläubigers lediglich für die Haftpflichtversicherung eine Teilregelung in § 154 II VVG erfahren. Es ist deshalb das Verdienst zweier Entscheidungen des *BGH*[52], soweit ersichtlich, erstmals allgemein in klarstellender und differenzierender Weise entsprechend der Interessenlage und dem Wesen des Befreiungsanspruches geklärt zu haben, unter welchen Voraussetzungen eine Tilgung durch den Befreiungsgläubiger zu einem Erstattungs- bzw. Schadensersatzanspruch führt[53]. Als Ausgangspunkt ist dabei zu unterscheiden, ob die von einem Dritten gegen den Befreiungsgläubiger erhobene Forderung begründet oder unbegründet ist.

Zur Befreiungsverpflichtung des Befreiungsschuldners gehört nämlich regelmäßig nicht nur die Erfüllung begründeter, sondern auch die Abwehr unbegründeter Ansprüche[54]. Begründete Drittverbindlichkeiten verpflichten den Befreiungsschuldner zur eigentlichen Befreiung, d. h. im Ergebnis zur Erfüllung bzw. Tilgung der Verbindlichkeit, während unbegründete zu deren Abwehr verpflichten.

Ist die gegen den Befreiungsgläubiger erhobene Forderung begründet, wofür der Befreiungsgläubiger ggf. darlegungs-

---

52 BGH NJW 1970, 1595; 1983, 1729 (1730).

53 In dieser Bedeutung haben die genannten BGH-Urteile im Schrifttum bislang, soweit ersichtlich, nur bei Bischof, S. 1447, nähere Beachtung gefunden. - Die Frage der Tilgungs*berechtigung* ist im übrigen nur bei einer freiwilligen, nicht aber bei einer in der Vollstreckung erzwungenen Tilgung durch den Befreiungsgläubiger problematisch.

54 Vgl. BGH NJW 1970, 1595; 1983, 1729 (1730). Für das Haftpflichtrecht ist die Abwehrpflicht ausdrücklich in § 3 II. 1. AHB genannt.

und beweispflichtig ist, und kann der Befreiungsgläubiger demnach die Erfüllung bzw. Beseitigung des Drittanspruchs verlangen, so entsteht ein Gelderstattungsanspruch durch eigene Erfüllung des Befreiungsgläubigers dennoch grundsätzlich nur dann, wenn der Befreiungsschuldner zuvor in angemessener Zeit Gelegenheit hatte, die Forderung abzuwehren[55]. Tilgt der Befreiungsgläubiger die begründete Verbindlichkeit sofort, ohne dem Befreiungsschuldner zunächst einen angemessenen Zeitraum zur Abwehr der Forderung einzuräumen, trägt hier allerdings der Befreiungsschuldner die Beweislast dafür, daß es ihm bei angemessener Frist gelungen wäre, den Drittgläubiger dazu zu bewegen, die begründete Forderung ganz oder zumindest teilweise nicht mehr gegen den Befreiungsgläubiger zu verfolgen[56].

Ist die von einem Dritten gegen den Befreiungsgläubiger erhobene Forderung unbegründet, oder bleibt es (mangels Beweisbarkeit durch den Befreiungsgläubiger) offen, ob sie be-

---

55 BGH NJW 1983, 1729 (1730 r. Sp. unten 3.); Bischof, S. 1447 (VII.1.); siehe auch Soergel-Wolf, § 257 Rn. 5. Diesem Grundsatz ähnlich ist in der Haftpflichtversicherung die Regelung in § 5 Nr. 5 AHB, wonach der Versicherte grundsätzlich nicht berechtigt ist, einen Haftpflichtanspruch ohne vorherige Zustimmung des Versicherers zu befriedigen oder anzuerkennen (so auch schon RGZ 70, 257, 260), es sei denn, daß er ausnahmsweise nach den Umständen "die Befriedigung oder Anerkennung nicht ohne offenbare Unbilligkeit verweigern konnte" (§§ 154 II VVG, 5 Nr. 5 S. 2 AHB). Über diese Ausnahme in § 154 II VVG hinaus, kann ein Versicherer, der zuvor den Versicherungsschutz unberechtigt verweigert hat, nicht mehr einwenden, daß der Versicherte zu Unrecht erfüllt habe, vgl. BGH NJW 1966, 625 (626) m. w. Nw.

56 Vgl. BGH NJW 1983, 1729 (1730 r. Sp. unten 3.); Bischof S. 1447 (VII.1.).

gründet ist, muß dem hier im Ergebnis nur zur Abwehr verpflichteten Befreiungsschuldner erst recht ausreichend Gelegenheit gegeben werden, seiner, in der Regel vertraglich übernommenen, Abwehrpflicht nachzukommen, bevor der Befreiungsgläubiger berechtigt ist, die angebliche Forderung des Drittgläubigers zu befriedigen und nunmehr den dazu aufgewandten Geldbetrag bzw. die dadurch entstehenden Kosten als Schadensersatz wegen Nichterfüllung der Abwehrpflicht vom Befreiungsschuldner zu verlangen[57]. Der Übergang in einen berechtigten Schadensersatzanspruch aufgrund einer Zahlung des Befreiungsgläubigers an den Drittgläubiger setzt voraus, daß der Befreiungsschuldner zuvor seine Abwehrpflicht schuldhaft verletzt hat. Unter dieser Voraussetzung ist es dem Befreiungsschuldner dann verwehrt, gegenüber dem Schadensersatzanspruch des Befreiungsgläubigers einzuwenden, daß dieser zu Unrecht die vom Dritten erhobene Forderung befriedigt habe, d. h., daß es dann für den Schadensersatzanspruch (nicht den ursprünglichen Befreiungsanspruch!) des Befreiungsgläubigers nicht mehr darauf ankommt, ob die

---

57 Siehe BGH NJW 1970, 1594 (1595/1596) u. weiterführend 1983, 1729 (1730). Vgl. auch Bischof S. 1447 (VII.2.).

Drittforderung tatsächlich besteht oder nicht[58]. Die Frage, ob die Forderung des Dritten begründet oder unbegründet ist, kann in diesen Fällen allenfalls nur noch zwischen dem Befreiungsschuldner und seiner etwaigen Versicherung hinsichtlich eines versicherungsvertraglichen Anspruches im Rahmen eines Deckungsverhältnisses von Bedeutung sein[59]. Der Befreiungsschuldner muß also in Verzug geraten oder schuldhaft schlecht erfüllt haben. Nur unter den Voraussetzungen des Verzuges (§§ 284 Abs. 1; 285 BGB) oder der positiven Vertragsverletzung kann die Nichterfüllung der Abwehrpflicht zu einem Schadensersatzanspruch des Befreiungsgläu-

---

58 BGH NJW 1970, 1594 (1596) mit Anm. von Reinhardt, S. 2288; vgl. auch (zur Haftpflicht) BGH VersR 1966, 625 (626). Ansonsten - d.h. außerhalb der Schadensersatz- bzw. Übergangsproblematik - kann aber der Befreiungsschuldner gegenüber einer Befreiungsklage regelmäßig einwenden, daß die Drittschuld dem Grunde oder der Höhe nach nicht bestehe, vgl. oben S. 18 bei Fußn. 14; ferner Gerhardt S. 97 u. dort unter Fußn. 46; denn der Befreiungsschuldner kann nicht verurteilt werden, von einer Verbindlichkeit zu befreien, die gar nicht besteht. Dies würde zu einer ungerechtfertigten Besserstellung des (angeblichen) Drittgläubigers führen und über das Ziel, den Befreiungsgläubiger vor dem Risiko der Inanspruchnahme zu schützen, hinausgehen. Demgemäß hat der BGH wiederholt festgestellt, daß die Begründetheit einer Klage auf Befreiung von einer Verbindlichkeit voraussetzt, daß diese Verbindlichkeit besteht, d. h. ihrerseits begründet ist; vgl. BGH NJW 1981, 870; 1983, 1729 (1730 unten 3.); WM 1986, 1117 (2 b) m. w. Nw. (zu § 249 S. 1 BGB).

59 Vgl. Reinhardt, S. 2288 (r. Sp. unten), der dieses Ergebnis uneingeschränkt, besonders für den Dritten, begrüßt. Dieses Ergebnis ist m. E. allerdings insofern nicht ganz unbedenklich, als es dadurch im Einzelfall zu einer ungerechtfertigten Besserstellung des Dritten kommen kann.

bigers führen[60]. Da auch eine ausdrückliche und endgültige Erfüllungsverweigerung dem Verzug bzw. der positiven Vertragsverletzung gleichsteht[61], hat der *BGH* in seinem Urteil vom 24. 06. 1970[62] eine Verletzung der Befreiungsverpflichtung zu Recht auch darin gesehen, daß der Verpflichtete nach Aufforderung die Befreiung eindeutig und endgültig verweigert hat. Dementsprechend kann z. B. im Haftpflichtversicherungsrecht der Versicherungsnehmer auch dann berechtigterweise eine Forderung des Dritten befriedigen und als Folge Zahlung an sich verlangen, wenn der Versicherer (Befreiungsschuldner) zuvor die Erfüllung seiner Befreiungsverpflichtung unberechtigt verweigert hatte[63].

Liegt keine ausdrückliche und endgültige Verweigerung vor, so kommt der Befreiungsschuldner durch Untätigkeit erst dann in Verzug, wenn ihm eine angemessene Frist eingeräumt wurde, um seiner Befreiungs- bzw. Abwehrverpflich-

---

60 Vgl. BGH NJW 1983, 1729 (1730 l. Sp.). Unter diesen Voraussetzungen, d. h. bei schuldhafter Verletzung der Abwehrverpflichtung durch den Befreiungsschuldner, wird eine Zahlung des Befreiungsgläubigers auch nicht als leichtfertig oder fahrlässig angesehen werden können, so daß es insoweit auf die von BGH NJW 1970 1594 (1596 bei 3.) aufgeworfene und offengelassene Frage, ob ein Schadensersatzanspruch auch bei leichtfertiger oder fahrlässiger Zahlung des Befreiungsgläubigers besteht, nicht ankommt. Auch für die Befreiungspflicht eines Gesamtschuldners aus § 426 I 1 BGB gilt bei Verzug § 286 BGB; vgl. RGZ 79, 288 (290 ff.) u. insbes. OLG Neustadt, NJW 1963, 494.

61 Z. B. BGHZ 65, 374 (377); BGH NJW 1983, 1729 (1730 l. Sp. 2 a); Palandt-Heinrichs, Anm. 4 c aa zu § 284 und Anm. 7 C a zu § 276 m. w. Nw.

62 BGH NJW 1970, 1594 (1595/1596); von BGH NJW 1983, 1729 (1730) auch insoweit überzeugend bestätigt.

63 Vgl. BGH NJW 1959, 1492 (1493 r. Sp.); Vers.R 1966, 625 (626).

tung durch Verhandlungen mit dem Drittgläubiger nachkommen zu können. Wieviel Zeit ihm dafür zuzustehen ist, richtet sich nach den Umständen des Einzelfalles, wobei insb. Höhe, Bedeutung und Schwierigkeiten der mit dem Dritten zu führenden Verhandlungen zu berücksichtigen sind[64].
Das - für einen Schadensersatzanspruch des Befreiungsgläubigers erforderliche - Verschulden des Befreiungsschuldners an einer etwaigen Untätigkeit oder Schlechterfüllung kann im Einzelfall dann zu verneinen sein, wenn er vom Befreiungsgläubiger nicht hinreichend über die Umstände der von dem Dritten erhobenen Forderung informiert wurde[65].

b) Vor Tilgung der Verbindlichkeit durch den Befreiungsgläubiger

Ein Befreiungsanspruch kann ausnahmsweise wegen Besonderheiten des zugrundeliegenden Schuldverhältnisses auch schon vor bzw. ohne Tilgung der Verbindlichkeit in einen Geldanspruch übergehen. Als gesetzliche Beispiele sind hierfür § 250 BGB und § 156 Abs. 2 VVG zu nennen. Der An-

---

64 Vgl. BGH NJW 1983, 1729 (1730 l. Sp. unter 2 c).

65 Vgl. BGH NJW 1983, 1729 (1730 l. Sp. unter 2 b); Soergel-Wolf, § 257 Rn. 5. Soweit ersichtlich, wird in dieser Entscheidung des BGH erstmals ausdrücklich eine regelmäßige Nebenpflicht des Befreiungsgläubigers statuiert, über alle Umstände in seinem Verhältnis zum Dritten, die für Vorgehen und Entscheidung des Befreiungsschuldners bedeutend sind, zu unterrichten.

spruch aus § 249 Satz 1 BGB auf Naturalherstellung, d. h. Befreiung, wenn der Schaden in der Belastung mit einer Verbindlichkeit besteht, geht nach § 250 Satz 2 Halbsatz 1 BGB in einen Geldanspruch über, wenn der Geschädigte erfolglos eine angemessene Frist mit Ablehnungsandrohung zur Herstellung (Befreiung) gesetzt hat[66]. Eine Fristsetzung ist auch hier unnötig, wenn der Ersatzpflichtige (Befreiungsschuldner) die Herstellung oder überhaupt jede Schadensersatzleistung ernsthaft und endgültig abgelehnt hat[67]. In solch einem Fall "wandelt" sich der Befreiungsanspruch, in dem Zeitpunkt, in dem der Gläubiger Geldersatz fordert, in eine Geldforderung[68].

Im Haftpflichtversicherungsrecht kann der Versicherungsnehmer (Befreiungsgläubiger) nach § 156 Abs. 2 VVG anstatt Befreiung Zahlung an den Geschädigten (Drittgläubiger) verlangen, sobald seine Haftpflichtverbindlichkeit durch Vergleich, Anerkenntnis oder Urteil festgestellt ist.

Entsprechendes kann bei vertraglichen Befreiungsansprüchen kraft Individualvereinbarung geregelt sein.

---

66 Vgl. z. B. BGH WM 1986, 1115 (1117) m. w. Nw. Nach Fristablauf kann der Gläubiger aufgrund des Überganges nur noch Geldersatz verlangen und der Schuldner nur noch durch Zahlung erfüllen; vgl. Palandt-Heinrichs, Anm. 2 zu § 250.

67 BGHZ 40, 345 (352); BGH WM 1965, 287 (289); 1986, 1115 (1117); BGH NJW 1991, 2014; Palandt-Heinrichs, Anm. 1 zu § 250.

68 BGH WM 1965, 287 (289); 1986, 1115 (1117). Der geschuldete Geldersatz ist dann der zur Herstellung erforderliche Betrag im Sinne von § 249 Satz 2 BGB; vgl. Palandt-Heinrichs, Anm. 2 zu § 250 m. w. Nw.

Darüber hinaus hat das *RG* angenommen, daß sich der Befreiungsanspruch des Bürgen aus § 775 Abs. 1 BGB auch dann bereits in einen Anspruch auf Zahlung an sich "verwandele", wenn die Zahlungsunfähigkeit des Hauptschuldners (Befreiungsschuldners) und die nunmehrige Inanspruchnahme des Bürgen (Befreiungsgläubigers) aus der Bürgschaft "feststehe"[69]. Eine "feststehende Inanspruchnahme" des Bürgen ist nach dem *RG* dann anzunehmen, wenn "außer Zweifel" sei, "daß die Leistung durch den Bürgen tatsächlich erfolge, sei es, daß der Bürge dem Gläubiger ein Pfand gegeben habe, sei es, daß seine Zahlungsfähigkeit feststehe"[70].

Dem Ansatz des *RG* folgend, gewährt *Pecher*[71] dem Bürgen die Möglichkeit, anstatt Befreiung, ausnahmsweise Zahlung an sich zu verlangen, wenn seine Inanspruchnahme "unabwendbar bevorstehe". Ein Teil des Schrifttums befürwortet, über die Bürgschaft hinaus, eine "Umwandlung" des Befreiungs- in einen Zahlungsanspruch, wenn der Befreiungsgläubiger die Verbindlichkeit in fremdem Interesse eingegan-

---

69 RGZ 78, 26 (34); 143, 192 (194) = JW 1934, 685 mit Anm. von Oertmann. Damit ermöglichte es das RG in dem ihm vorliegenden Fall dem Bürgen, bereits vor dessen eigener Zahlung an den Gläubiger gegen eine fällige Forderung des Hauptschuldners aufzurechnen.

70 RGZ 143, 192 (194). In der Entscheidung RGZ 78, 26 (34) wurde diese Einschränkung noch nicht gemacht. Dort ging das RG im Ergebnis noch davon aus, daß sogar die bloße Zahlungsaufforderung des Drittgläubigers an den (u. U. zahlungsunfähigen) Bürgen (Befreiungsgläubiger) zur Annahme seiner "feststehenden Inanspruchnahme" ausreiche.

71 Vgl. Pecher, in: Münchkomm, § 775 Rn 14, der, ebenso wie Reiche, S. 857, eine Begründung und einen Hinweis auf die - inzwischen wohl sogar überwiegende - Gegenansicht vermissen läßt.

gen und seine Inanspruchnahme mit Sicherheit zu erwarten sei[72]. *M. Wolf*[73] geht davon aus, daß der Befreiungsgläubiger Zahlung verlangen könne, wenn die Inanspruchnahme durch den Dritten "mit Sicherheit bevorstehe".

Demgegenüber lehnt eine andere Ansicht in der Literatur die Entscheidung des *RG* m. E. mit guten Gründen ab[74]. Abgesehen davon, daß erhebliche Unsicherheiten auftreten, wenn es darum geht, was im Einzelfall unter dem unbestimmten Begriff, daß eine tatsächliche Leistung durch den Bürgen (Befreiungsgläubiger) "außer Zweifel" sein müsse, zu verstehen ist, besteht für die vom *RG* begründete These einer vorzeitigen Umwandlung in einen Zahlungsanspruch weder angesichts der Interessenlage ein Bedürfnis, noch findet sich dafür eine Stütze im Gesetz. Daß keine schutzwürdigen Interessen des Bürgen an einer vorzeitigen Umwandlung in einen Zahlungsanspruch bestehen, zeigt sich, wenn man auch hier wiederum als Ausgangspunkt daran denkt, daß die Befreiung beileibe kein Minus gegenüber dem Zahlungsanspruch ist[75]. Solange der Bürge noch nicht selbst an den Gläubiger geleistet hat, ist ihm voll und ganz mit dem für diese Situation sach-

---

72 Reiche, S. 857; wohl auch, nebenbei, Münchkomm-Keller, § 257 Rn 4 u. dort unter Fußn. 10.

73 M. Wolf, in Soergel, § 257 Rn 6.

74 Siehe Palandt-Thomas, Anm. 1 zu § 775 und bes. ausf. Kretschmer, NJW 1962, 141; Gerhardt, S. 36 ff. Einschränkend Oertmann, S. 685, der unter der Voraussetzung, daß der Gläubiger bereits die Zwangsvollstreckung gegen den Bürgen eingeleitet hat, die Umwandlung zulassen will.

75 Vgl. im einzelnen oben S. 30 ff.

und interessengerechten und vom Gesetz in § 775 Abs. 1 BGB ausdrücklich vorgesehenen Befreiungsanspruch gedient. Die Befreiung ist, als Aliud zur Zahlung, ein eigenständiger Anspruchsinhalt, der sich nicht ohne weiteres in etwas "verwandeln" kann, was seinem Wesen nach nichts mehr mit Befreiung zu tun hat[76].

Falls der Bürge (Befreiungsgläubiger) gegen eine fällige Gegenforderung des Hauptschuldners (Befreiungsschuldners) aufrechnen will, steht es ihm frei, sich den dafür erforderlichen Rückgriffs- bzw. Zahlungsanspruch[77] dadurch zu verschaffen, daß er an den (Dritt-)Gläubiger leistet.

Vom *RG*[78] wird unbegründeterweise unterstellt, daß sich der Bürge bei Zahlungsunfähigkeit des Hauptschulders und seiner eigenen "außer Zweifel" stehenden Inanspruchnahme in "derselben Lage" befände, wie wenn er bereits tatsächlich an den Gläubiger geleistet hätte. Solange der Bürge noch nicht tatsächlich an den Gläubiger geleistet hat, kann es aber

---

76 Ähnlich Kretschmer, S. 141.

77 Zwischen Befreiungs- und Zahlungsanspruch kann nämlich nach zutreffender h. M. mangels Gleichartigkeit (§ 387 BGB) nicht aufgerechnet werden; vgl. z. B. BGHZ 12, 136 (144); 25,1 (6); 47, 157 (166); BGH NJW 1983, 2438; BGH VersR 87, 905; Palandt-Heinrichs, Anm. 4 b zu § 387; v. Olshausen, S. 255, Gerhardt, S .72 ff.; a. A. OLG Hamm, OLGE 38, 66; OLG Bremen, NJW 1963, 2080; Scheuerle, JZ 1958, 26 (27); Trinkl, NJW 1968, 1077; einschränkend Lehmann, JR 1933, 130 und neuerdings Geißler, S. 454 bei Fußn. 30, die die Aufrechnung *mit* einem Befreiungsanspruch nicht befürworten, jedoch die Aufrechnung *gegen* einen Befreiungsanspruch zulassen wollen. Die Mindermeinung verkennt den entscheidenden Gegensatz zwischen Natural- und Geldersatz; vgl. näher dazu oben S. 30 ff.

78 RGZ 143, 192 (194).

genaugenommen auch niemals - wie vom RG verlangt - "außer Zweifel" sein, "daß die Leistung durch den Bürgen tatsächlich erfolgt". Wie *Kretschmer*[79] zutreffend ausführt, kann sich die Zahlungsfähigkeit des Bürgen bis zu einem (Vollstreckungs-)Zugriff des Gläubigers noch jederzeit grundlegend ändern. Sinnvollerweise läßt sich deshalb nur zwischen einer tatsächlich erfolgten Leistung des Bürgen und seiner drohenden Inanspruchnahme unterscheiden: Wenn tatsächlich noch keine Leistung erfolgt ist, kann es begrifflich noch kein "außer Zweifel" oder "feststehend", sondern nur ein "drohend" geben. Das hier vertretene Ergebnis resultiert nicht zuletzt auch aus der Gesetzessystematik in den §§ 774, 775 Abs. 1 BGB. Während § 775 Abs. 1 BGB dem Bürgen bei drohender Inanspruchnahme einen Befreiungsanspruch gibt, wird ihm in § 774 BGB ein Rückgriffs- bzw. Zahlungsanspruch erst gewährt, "soweit" er den Gläubiger "befriedigt" hat[80]. Die Gefährdungstatbestände des § 775 Abs. 1 Nr. 1 bis 4 BGB gehen davon aus, daß der Bürge in Anspruch genommen werden wird, und geben ihm gerade deswegen für diesen Fall einen eigenständigen Anspruch auf "Befreiung". Selbst wenn gegen den Bürgen schon ein vollstreckbares Urteil auf Erfüllung ergangen ist, d. h., mit anderen Worten, seine Inan-

---

79 Kretschmer, S. 141.

80 Die Befriedigung im Sinne von § 774 BGB erfordert nicht unbedingt, daß der Bürge die Schuld des Hauptschuldners unmittelbar erfüllt. Er kann u.U. die Forderung des Gläubigers auch erwerben bzw. seinerseits den Hauptschuldner von dessen Verpflichtung befreien; vgl. dazu BGH WM 1969, 1103.

spruchnahme insoweit bereits feststeht, ist dies nach § 775 Abs. 1 Nr. 4 BGB sogar erst ein Entstehungsgrund für einen Befreiungsanspruch, so daß damit noch nicht gleichzeitig bzw. vorzeitig eine "Umwandlung" in einen Zahlungsanspruch eintreten kann[81].

81 Vgl. Gerhardt, S. 38.

Zusammenfassend und über die Fälle der Bürgschaft hinaus läßt sich demnach feststellen, daß ein Befreiungsanspruch grundsätzlich, d. h. soweit keine ausdrücklich anders lautende vertragliche oder gesetzliche Regelung besteht, erst mit - sei es freiwillig oder erzwungenermaßen in der Zwangsvollstreckung - Tilgung der Verbindlichkeit durch den Befreiungsgläubiger[82] in einen Geldanspruch in dessen Person[83] übergeht.

82 Einer Tilgung durch den Befreiungsgläubiger steht es gleich, wenn die Verbindlichkeit durch schenkweisen Erlaß des Drittgläubigers oder Begleichung durch einen Dritten, soweit darin eine Zuwendung an den Befreiungsgläubiger liegt, oder durch Konfusion erlischt; vgl. v. Thur, S. 91 f.; Gerhardt, S. 38/39. Verrechnet der Drittgläubiger seine Forderung einseitig gegen Ansprüche des Befreiungsgläubigers, steht dies einer Tilgung (nur) dann gleich, wenn der Befreiungsgläubiger die Verrechnung gegenüber dem Dritten anerkennt; vgl. OLG Hamm, VersR 1978, 80.

83 Bei Abtretung des Befreiungsanspruches durch den Befreiungsgläubiger an den *Drittgläubiger* (eine Abtretung an einen unbeteiligten Dritten ist hingegen wegen Inhaltsänderung nach § 399 BGB unzulässig; vgl. z. B. BGHZ 41, 203 (205); Flechtheim, S. 812), wandelt sich der Befreiungsanspruch in Hand des *Drittgläubigers* in einen Zahlungsanspruch um; vgl. BGHZ 71, 167 (170); BGH VersR 1985, 753 (754); mithin auch, wenn der Drittgläubiger aufgrund eines Zahlungstitels gegen den Befreiungsgläubiger dessen Befreiunganspruch gegenüber dem Befreiungsschuldner pfändet; vgl. BGHZ 7, 244 (246); 12, 136 (144); Bischof, S. 1447 f. m. w. Nw. Pfändet der Drittgläubiger den bereits titulierten Befreiungsanspruch, kann er diesen allerdings nicht nach § 727 ZPO als Zahlungstitel auf sich umschreiben lassen; vgl. dazu näher Bischof, S. 1448 (X.) m. w. Nw.

IV. Die sofortige Fälligkeit von Befreiungsansprüchen trotz fehlender Fälligkeit der Drittschuld

Wie jeder andere Anspruch muß auch der Befreiungsanspruch fällig sein, damit überhaupt ein - für die Vollstreckung erforderliches - Leistungsurteil ergehen kann. Als Begründetheitsvoraussetzung einer Leistungsklage auf Befreiung ist die Fälligkeit des Befreiungsanspruches ein grundlegendes materiellrechtliches Erfordernis für die Durchsetzbarkeit im Zivilprozeß. Nur bereits entstandene Ansprüche können überhaupt fällig sein. Befreiungsansprüche entstehen grundsätzlich schon dann, wenn die Verbindlichkeit gegenüber dem Drittgläubiger eingegangen, begründet, wird[1].

Die Fälligkeit wird problematisch, wenn die Verbindlichkeit (Drittschuld), von der befreit werden soll, ihrerseits (noch) nicht fällig ist[2]. Es stellt sich dann die Frage, ob (be-

---

1 Soergel-Wolf, § 257 Rn. 7. Auch bei der Haftpflichtversicherung entsteht der Versicherungs- bzw. "Befreiungsfall" bereits mit der Entstehung der Haftpflichtverbindlichkeit; siehe Flechtheim, S. 809; a. A. OLG Düsseldorf, VersR 1981, 1072, das die Entstehung des Befreiungsanspruches des Versicherungsnehmers erst dann annimmt, "sobald ein Dritter ihm gegenüber Forderungen geltend macht und zu erkennen gibt, diese Forderung ernsthaft verfolgen zu wollen".

2 Die Drittschuld wird bei fehlender Fälligkeit zwar häufig auch der Höhe nach noch unbestimmt sein, es ist aber auch durchaus möglich, daß die Verbindlichkeit der Höhe nach mit einem festen Betrag bereits feststeht, der Fälligkeitszeitpunkt hingegen noch nicht absehbar ist bzw. in weiter Ferne liegt. Fälligkeit, Erfüllbarkeit und Bestimmtheit der Drittschuld sind deshalb zu trennen; vgl. hierzu bzw. zur Bedeutung der Bestimmtheit der Drittschuld für die Zulässigkeit der Befreiungsklage unten S. 77 ff. und zur Bedeutung der Unterscheidung zwischen Fälligkeit und Erfüllbarkeit für die Vollstreckung unten S. 151 ff.

reits) Befreiung von einer (noch) nicht fälligen Verbindlichkeit verlangt werden kann, d. h. mit anderen Worten, ob die Fälligkeit des Befreiungsanspruches voraussetzt, daß die Drittverbindlichkeit (also die Forderung des Drittgläubigers gegen den Befreiungsgläubiger) ihrerseits fällig ist[3].

1. Die Notwendigkeit einer Unterscheidung zwischen den Sonderregelungen der §§ 257 S. 2, 738 I 3, 775 II BGB einerseits und anderen gesetzlichen sowie vertraglichen Befreiungsansprüchen andererseits

Für die gesetzlichen Befreiungsansprüche der §§ 257, 738 und 775 BGB ist die oben gestellte Frage recht eindeutig zu verneinen: Indem die Vorschriften der §§ 257 Satz 2, 738 Abs. 1 Satz 3 und § 775 Abs. 2 BGB dem Befreiungsschuldner bei fehlender Fälligkeit der Drittschuld die Befugnis einräumen, statt zu befreien, vorläufig nur Sicherheit zu leisten, setzen sie die sofortige Fälligkeit der dort geregelten Befreiungsansprüche auch bei erst künftiger Fälligkeit der Drittschulden

---

3 Bereits entstanden, d. h. eingegangen sein muß die Drittverbindlichkeit auf jeden Fall. Vor der Fälligkeit setzt die Begründetheit einer Leistungsklage auf Befreiung voraus, daß die Drittschuld bereits wirksam entstanden ist, d. h., "an sich zu Recht besteht" (RGZ 47, 118, 120); vgl. auch oben S. 28 bei Fußn. 14.

voraus[4]. Ob die Regelung in den §§ 257 Satz 2, 738 Abs. 1 Satz 3, 775 Abs. 2 BGB, soweit sie die sofortige Fälligkeit vorsieht, analog auf alle (andere) *gesetzliche* Befreiungsansprüche anwendbar ist, ließ der *BGH* in seiner Entscheidung vom 11. 4. 1984[5] offen, während er eine entsprechende Anwendung auf *vertragliche* Befreiungsansprüche, bei denen die Vertragsauslegung und die gesamten Umstände (§ 271 I BGB) maßgebend seien, ausdrücklich ablehnte[6]. Bis zu diesem Urteil des *BGH* setzte man überwiegend, ohne zwischen gesetzlichen und vertraglichen Befreiungsansprüchen zu unterscheiden, mehr oder weniger beiläufig voraus, daß aus den genannten Regelungen ein allgemeiner Rechtssatz abzuleiten sei, mit der

4 Unbestritten. Vgl. - insoweit übereinstimmend - BGHZ 91, 73 ff. = BGH NJW 1984, 2151 (2152/2153) = BGH JR 1985, 60 (62); Keller, S. 64; Zülch, BGH LM § 271 BGB Nr. 4 als auch Gerhardt S .22; Rimmelspacher, S. 89.
Die Sicherheitsleistung bewirkt kein Erlöschen des Befreiungsanspruches, so daß der Befreiungsgläubiger nach Fälligwerden der Drittschuld wieder Befreiung verlangen kann, heute allg. Meinung, vgl. z.B. RGZ 59, 10, 12 f.; Staudinger-Selb, § 257 Rn. 12; Soergel-Wolf, § 257 Rn 13; Münchkomm-Keller, § 257 Rn. 9; Gerhardt, S. 20; Güntner, S. 242 bei Fußn. 11; Rimmelspacher, S. 89; Reiche, S. 857.

5 BGH JR 1985, 60 (62) mit zust. Anm. von Keller, S. 64. Ebenso OLG Saarbrücken, FamRZ 1990, 58. Zustimmend jetzt wohl auch Palandt-Heinrichs, Anm. 3 b zu § 271, undeutlich allerdings Anm. 2 zu § 257.

6 Insoweit für vertragliche Befreiungsansprüche ebenso Soergel-Wolf, § 257 Rn. 7, der ansonsten aber im Zweifel für alle gesetzlichen Befreiungsansprüche die sofortige Fälligkeit annimmt und dies nicht, wie der BGH u. die oben in Fußn. 5 Genannten, offenläßt.

Folge, daß *alle* Befreiungsansprüche stets, ohne Rücksicht auf die Drittschuld, sofort fällig seien[7].

Meines Erachtens können die Einzelregelungen in den §§ 257 S. 2, 738 Abs. 1 S. 3, 775 Abs. 2 BGB[8] zwar weder auf vertragliche noch auf alle gesetzlichen Befreiungsansprüche in der Weise analog angewandt werden, daß alle Befreiungsansprüche von vornherein stets sofort fällig wären; denn dort, wo die Fälligkeit nicht durch gesetzliche Sonderregelungen oder vertragliche Vereinbarungen festgelegt ist, gilt als ausdrücklicher ergänzender gesetzlicher Rechtssatz § 271 Abs. 1 BGB[9]. Es besteht mithin hinsichtlich der Fälligkeit (Leistungszeit) kein Bedürfnis und keine Möglichkeit für eine Analogie zu den §§ 257 S. 2, 738 Abs. 1 S. 3, 775 Abs. 2 BGB in dem Sinne einer stets sofortigen Fälligkeit, da sich aus der

7 Vgl. Gerhardt, S. 21 f. u. S. 30 (2. Abs. a.E.); Rimmelspacher, S. 89 (r. Sp. bei Fußn. 4); siehe auch noch Palandt-Heinrichs, in der 43 Aufl. Anm. 2 zu § 257. Auch OLG Frankfurt, JurBüro 1978, 770 und Bischof, S. 1450, setzen wohl stillschweigend voraus, daß jeder Befreiungsanspruch stets sofort fällig sei.
- Demgegenüber wurde von Staudinger-Selb, 2. Aufl. 1979, § 273 Rn. 10, unter Verweis auf OLG Köln, MDR 1975, 51 - wo es jedoch speziell nicht um die Fälligkeit eines Befreiungs- sondern eines Geldanspruches wegen fehlender Bezifferung und damit Erfüllbarkeit geht -, angenommen, daß ein Befreiungsanspruch nicht fällig sei, solange die Drittansprüche nur "drohen". Mit dieser Ansicht würde man jedoch der Interessenlage und dem Wesen der Befreiung, das gerade auch darin besteht, vom Risiko einer Inanspruchnahme zu befreien, als auch dem § 271 BGB nicht gerecht werden.

8 Die genannten Vorschriften sind übrigens auch vertraglich abdingbar; vgl. Soergel-Wolf, § 257 Rn. 7, (hins. § 257 BGB).

9 Keller, S. 64; Palandt-Heinrichs, Anm. 1 b zu § 271. Dies (§ 271 Abs. 1 BGB) wird von Rimmelspacher, S. 89, und wohl auch Gerhardt, S. 22, übersehen.

eingreifenden gesetzlichen Leistungszeitbestimmung des § 271 Abs. 1 BGB bereits eine spezifische Lösung der Fälligkeitsfrage für alle anderen (d. h. nicht in den §§ 257 S. 2, 738 Abs. 1 S. 3, 775 Abs. 2 BGB geregelten) Befreiungsansprüche ergibt.

Jedenfalls für gesetzliche Befreiungsansprüche ist aber, wenn auch nicht stets, so doch zumindest *im Zweifel* eine sofortige Fälligkeit anzunehmen[10]. Nach § 271 Abs. 1 BGB ist eine Leistung bei fehlender (gesetzlicher oder vertraglicher) Bestimmung der Leistungszeit sofort fällig, wenn sich im Einzelfall aus den Umständen nichts anderes ergibt. Die gesamten Umstände (§ 271 Abs. 1 BGB) werden im Regelfall für eine sofortige Fälligkeit sprechen, da dies der typischen Situation und Interessenlage bei einem Befreiungsanspruch Rechnung trägt: Der Befreiungsgläubiger ist auch schon durch eine eingegangene, aber noch nicht fällige Verbindlichkeit mit dem Risiko einer späteren, künftigen Inanspruchnahme belastet und hat ein Interesse daran, sofort entlastet zu werden, um u. a. auch dem Risiko einer späteren Insolvenz des Befreiungsschuldners zu entgehen[11]. Andererseits ist zwar auch die entgegengesetzte Interessenlage des Befreiungsschuldners zu berücksichtigen, der daran interessiert sein wird, seine liquiden Mittel zu erhalten, anstatt sie bereits vor Fälligkeit der Dritt-

10 Siehe auch Soergel-Wolf, § 257 Rn. 7

11 Vgl. dazu BGH NJW 1984, 2151 (2153 l. Sp.); OLG Saarbrücken, FamRZ 1990, 58; auch Rimmelspacher, S. 185 (r. Sp. oben) u. Bischof, S. 1449 (l. Sp.), verweisen auf das Insolvenzrisiko.

schuld, durch deren Erfüllung oder durch Sicherheitsleistung, u. U. auf unabsehbare Zeit, zu binden[12]. Dieses Liquiditätsinteresse des Befreiungsschuldners wird aber gegenüber dem Konkursrisiko seitens des Befreiungsgläubigers, der ein Interesse daran hat, frei über sein Vermögen disponieren zu können und der Gefahr einer Vollstreckung durch den Drittgläubiger zu entgehen[13], im Zweifel zurückzutreten haben. Denn grundsätzlich ist die sofortige Fälligkeit dem Institut des Befreiungsanspruches geradezu immanent: Wenn der Befreiungsanspruch nämlich nicht vorzeitig, sondern erst gleichzeitig mit dem Anspruch des Drittgläubigers fällig wird, wird dem Befreiungsschuldner regelmäßig keine ausreichende Zeit mehr bleiben, seiner Abwehrpflicht nachzukommen bzw. den Drittgläubiger dazu zu bewegen, die Forderung nicht (mehr) gegen den Befreiungsgläubiger zu verfolgen[14]. Der Befreiungsschuldner braucht eine angemessene Vorbereitungszeit, um über die Umstände der von dem Dritten erhobenen Forderung informiert zu werden und seiner Befreiungs- bzw. Abwehrverpflichtung durch Verhandlungen mit dem Drittgläubiger nachkommen zu können[15]. Bei einer gleichzeitigen Fäl-

---

12 BGH NJW 1984, 2151 (2153); vgl. auch OLG Saarbrücken, FamRZ 1990, 58. Dies wird, wenn auch in anderem Zusammenhang, von Gerhardt, S. 21 f.; Rimmelspacher, S. 185 u. Bischof, S. 1448 f. nicht berücksichtigt.

13 Siehe auch OLG Saarbrücken, FamRZ 1990, 58.

14 Im einzelnen zur Abwehrpflicht des Befreiungsschuldners oben S. 43 ff.

15 Dazu auch oben S. 48 und dort in Fußn. 65.

ligkeit von Befreiungsanspruch und Drittschuld wäre die Befreiung als solche bzw. der Zweck des Befreiungsanspruches, der darin besteht, einen drohenden Verlust im Aktivvermögen des Befreiungsgläubigers abzuwenden, weitgehend in Frage gestellt. Der Befreiungsgläubiger könnte dann erst Befreiung verlangen, wenn ihn der Drittgläubiger bereits verklagen kann. Klagte der Drittgläubiger sofort gegen den Befreiungsgläubiger, wäre es für diesen kaum noch interessant (frühestens gleichzeitig) einen (untätigen) Befreiungsschuldner auf Befreiung zu verklagen, da es ungewiß und eher unwahrscheinlich wäre, daß ein Befreiungsurteil und die Vollstreckung hieraus noch rechtzeitig einer Vollstreckung der Drittschuld durch den Drittgläubiger zuvor käme. Für den Befreiungsgläubiger wäre dann insoweit naheliegender, die Drittschuld gleich selbst zu tilgen und den zur Schuldtilgung aufgewandten Geldbetrag im Regreßwege vom Befreiungsschuldner zu verlangen. Damit würde man aber auch dem Befreiungsschuldner die Möglichkeit beschneiden, die eigentlich und ursprünglich geschuldete Befreiung, die auch anders als durch Zahlung (an den Drittgläubiger) bewirkbar ist, herbeizuführen.

Festzuhalten bleibt insoweit, daß eine sofortige Fälligkeit dem für gesetzliche als auch vertragliche Befreiungsansprüche typischen, aus dem *Dreiecksverhältnis* resultierenden, Umstand Rechnung trägt, daß ein drohender Verlust im Aktivvermögen des Befreiungsgläubigers nur dann hinreichend sicher abgewehrt werden kann, wenn der Befreiungsschuldner bereits vor Fälligwerden der Drittschuld tätig wird. Dieser Umstand, der vom *BGH*[16] nicht bedacht wird, läßt es gerechtfertigt erscheinen, bei der im Rahmen des § 271 Abs. 1 BGB gebotenen Abwägung der gesamten Umstände, sowohl bei gesetzlichen als auch vertraglichen Befreiungsansprüchen, *im Zweifel* die sofortige Fälligkeit anzunehmen. Der *BGH*[17] hält, im Ansatz zutreffend, für einen befriedigenden Ausgleich zwischen dem Konkursrisiko des Befreiungsgläubigers und dem Liquiditätsinteresse des Befreiungsschuldners zwar auch, "jedenfalls" für vertragliche Befreiungsansprüche, eine Abwägung der besonderen Umstände des Einzelfalls[18] für erforderlich. Angesichts der oben dargelegten typischen Situation bei Befreiungsansprüchen ist dem aber hinzuzufügen, daß die Abwägung im Zweifel zugunsten einer sofortigen Fälligkeit auszugehen hat. Im Hinblick darauf, daß es eine nicht nur für gesetzliche, sondern gleichermaßen für vertragliche Befreiungsansprüche typische Situation darstellt,

---

16 BGH NJW 1984, 2151 (2153 l.Sp.); ebenso OLG Saarbrücken, FamRZ 1990, 58.

17 o. Fußn. zuvor.

18 Ein Beispiel für eine (im Ergebnis zugunsten des Gläubigers ausgehende) Abwägung findet sich bei OLG Saarbrücken, FamRZ 1990, 58. Der BGH, o. Fußn. zuvor, der in seinem Fall die Abwägung dem Tatrichter überließ, führt als besondere Umstände etwa die Rechtsnatur der Drittschuld sowie Anlaß und wirtschaftlichen Hintergrund der Befreiungsverpflichtung an. Zudem nennt er besondere rechtliche und praktische Schwierigkeiten der sofortigen Durchsetzung des Befreiungsanspruches; vgl. dazu u. zu diesem BGH-Urteil unten S. 93 in Fußn. 79.

daß die - bezweckte - Abwendung eines erst drohenden Verlustes im Aktivvermögen des Befreiungsgläubigers, eine frühzeitige Abwehrpflicht des Befreiungsschuldners voraussetzt, ist *im Zweifel* die sofortige Fälligkeit aller Befreiungsansprüche anzunehmen[19].

Dies ändert nichts daran, daß im Einzelfall, aufgrund einer Vertragsauslegung (bei vertraglichen Befreiungsansprüchen) oder wegen besonderer Umstände des zugrundeliegenden Schuldverhältnisses, eine sofortige Fälligkeit zu verneinen sein kann. Da Befreiungsansprüche auf einer Vielzahl verschiedenartiger Rechtsgrundlagen beruhen, ist immer auch die besondere Interessenlage des jeweilig zugrundeliegenden gesetzlichen oder vertraglichen Schuldverhältnisses zu berücksichtigen[20]. So setzt denn auch der gesetzliche Befreiungsanspruch unter Gesamtschuldnern aus § 426 Abs. 1 S. 1 BGB voraus, daß die Verbindlichkeit, von der Befreiung verlangt wird, bereits fällig ist[21]. Solange hier der Drittgläubiger die Leistung nicht verlangen kann, ist wegen der besonderen Konstellation des zugrundeliegenden Gesamtschuldverhältnisses kein Raum für eine Pflicht der einzelnen Gesamt-

---

19 Vgl. auch Soergel-Wolf, § 257 Rn. 7.

20 Davon abgesehen, ist es möglich, daß auch bei gesetzlichen Befreiungsansprüchen vertraglich etwas anderes als sofortige Fälligkeit vereinbart ist; siehe Soergel-Wolf, § 257 Rn. 7.

21 RGZ 79, 288 (290); BGH NJW 1981, 1666 (1667/1668) u. insb. 1986, 978 (979 r. Sp.). Auch Stein-Jonas-Münzenberg, § 887 Rn. 6 unter Fußn. 91, stellt fest, daß bei § 426 Abs. 1 BGB mangelnde Fälligkeit der Drittschuld einer Verurteilung auf Befreiung, d. h. einem fälligen Befreiungsanspruch, entgegensteht.

schuldner, untereinander an der Befriedigung des Gläubigers mitzuwirken[22]. Einschränkungen in der sofortigen Geltendmachung des Befreiungsanspruches können sich auch aus den Nachwirkungen einer Ehe ergeben[23].

Im **Ergebnis** bleibt also festzuhalten, daß die Regelungen in den §§ 257 S. 2, 738 Abs. 1 S. 3, 775 Abs. 2 BGB, soweit sie stets die sofortige Fälligkeit vorsehen, zwar nicht analog auf andere, weder gesetzliche noch vertragliche, Befreiungsansprüche angewandt werden können. Für diese anderen Befreiungsansprüche ist aber, soweit vertraglich nichts Abweichendes vereinbart ist, im Rahmen der bei § 271 Abs. 1 BGB gebotenen Abwägung der Gesamtumstände des Einzelfalls *im Zweifel* eine sofortige Fälligkeit anzunehmen, da die vorzeitige Fälligkeit der typischen Situation eines Befreiungsanspruches im Dreiecksverhältnis Rechnung trägt.

Befreiungsansprüche werden somit nach § 271 Abs. 1 BGB zumindest in der Regel bereits mit ihrer Entstehung fällig.

---

22 BGH NJW 1986, 978 (979 r. Sp.).

23 Vgl. dazu BGH NJW 1989, 1920 (1922). - Im übrigen enthält in der Rechtsschutzversicherung § 2 Abs. 2 ARB eine Leistungszeitbestimmung im Sinne von § 271 I BGB. Die Fälligkeit der Hauptversicherungsleistung bzw. des Anspruches auf Befreiung von einer Kostenverbindlichkeit (s. o. S. 19 f.), setzt danach voraus, daß die Kostenverbindlichkeit ihrerseits bereits fällig ist; vgl. ausf. Harbauer, § 2 Rn. 145, 153. - Siehe zur Haftpflichtvers. BGH NJW 1960, 1346 (1347).

2. Die Befugnis des Befreiungsschuldners zur Sicherheitsleistung in allen Fällen, in denen ein Befreiungsanspruch, trotz fehlender Fälligkeit der Drittschuld, sofort fällig ist.

Im Gegensatz zur Frage der Fälligkeit sind die §§ 257 Satz 2, 738 Abs. 1 Satz 3, 775 Abs. 2 BGB jedoch insoweit auf andere Befreiungsansprüche analog anwendbar, als sie die vorläufige Befugnis des Befreiungsschuldners zur Sicherheitsleistung vorsehen[24]. In den genannten Vorschriften ist sowohl die sofortige Fälligkeit als auch die vorläufige Befugnis zur Sicherheitsleistung geregelt. Sofortige Fälligkeit für den Befreiungsgläubiger und vorläufige Abwendungsbefugnis durch Sicherheitsleistung für den Befreiungsschuldner sind aber, nicht nur hinsichtlich der Analogiefähigkeit, streng auseinanderzuhalten: Die vorläufige Befugnis des Befreiungsschuldners setzt sofortige Fälligkeit voraus, aber nicht umgekehrt[25]. Soweit die §§ 257 Satz 2, 738 Abs. 1 Satz 3, 775 Abs. 2 BGB eine vorläufige Befugnis des Befreiungsschuldners zur Sicherheitsleistung für den Fall vorsehen, daß der Befreiungsanspruch trotz erst künftig fällig werdender Drittschuld sofort

---

24 Insoweit allg. Meinung; siehe BGH NJW 1984, 2151 (2153 r. Sp.); Soergel-Wolf, § 257 Rn. 13; Gerhardt, S. 21 f.; Rimmelspacher, S. 89 (II.2); Keller, S. 64 a. E. ; Bischof, S. 1450 (VIII.2.).

25 Dies kommt bei Palandt-Heinrichs, Anm. 2 zu § 257, nicht hinreichend zum Ausdruck. Statt Befugnis zugunsten des Befreiungsschuldners (siehe den Gesetzeswortlaut "kann", "statt") heißt es bei Palandt-Heinrichs, a. a. O., unzutreffend "Anspruch" auf Sicherheitsleistung.

fällig ist, steht einer analogen Anwendung auf andere (auch vertragliche)[26] Befreiungsansprüche nichts im Wege; denn auch in den Fällen, in denen sich erst aus einer Vereinbarung bzw. aus besonderen Umständen in Verbindung mit § 271 Abs. 1 BGB eine sofortige Fälligkeit des Befreiungsanspruches ergibt, ist es stets interessengerecht, dem Befreiungsschuldner eine vorläufige Befugnis zur Sicherheitsleistung einzuräumen. Wegen der Interessenlage ist dies bei allen Situationen angebracht, in denen der Befreiungsanspruch sofort fällig ist, d. h. der Befreiungsgläubiger bereits Befreiung von einer (noch) nicht fälligen Verbindlichkeit verlangen kann. Es bestehen keine schutzwürdigen Interessen, weder des Befreiungsgläubigers noch des Drittgläubigers, die dagegen sprechen könnten; im Gegenteil ist die Möglichkeit einer Sicherheitsleistung durch den Befreiungsschuldner ein sachgerechtes Mittel. Da der Befreiungsgläubiger in diesen Fällen noch keiner fälligen Verbindlichkeit ausgesetzt ist und deshalb vom Drittgläubiger noch nicht in Anspruch genommen werden kann, genügt ihm bis zum Fälligwerden der Verbindlichkeit (mit der seine Inanspruchnahme erst möglich wird) eine Sicherheitsleistung des Befreiungsschuldners[27]. Überdies würde es hier auf Kosten des Befreiungsschuldners zu ei-

---

26 Wenn der BGH, NJW 1984, 2151 (2153 r.Sp.), davon spricht, für den Fall sofortiger Fälligkeit keine Bedenken zu haben, die vorläufige Abwendungsbefugnis auch für vertragliche Befreiungsansprüche zuzulassen, gilt dies erst recht für alle gesetzlichen Befreiungsansprüche.

27 Vgl. Gerhardt, S. 22. Daraus kann aber nicht umgekehrt stets auf sofortige Fälligkeit für den Befreiungsgläubiger geschlossen werden.

ner ungerechtfertigten Besserstellung des Drittgläubigers kommen, wenn der Befreiungsschuldner, ohne die Möglichkeit einer vorläufigen Sicherheitsleistung, sofort befreien müßte: Um den Befreiungserfolg herbeizuführen, bliebe ihm oft (d. h. wenn Erlaß oder ähnliches ausscheidet) nur die Möglichkeit, schon an den Drittgläubiger zu leisten, obwohl diesem überhaupt noch kein fälliger Anspruch gegenüber dem Befreiungsgläubiger zusteht[28]. Die Möglichkeit zur Sicherheitsleistung muß auch schon allein deswegen gegeben sein, weil der Befreiungsschuldner bei einer noch nicht fälligen und nicht erfüllbaren Drittschuld ohne Zustimmung des Dritten gar nicht befreien kann[29]. Demnach scheint es nur konsequent, hinsichtlich der Sicherheitsleistung eine analoge Anwendung der §§ 257 Satz 2, 738 Abs. 1 Satz 3, 775 Abs. 2 BGB, soweit sie gegenüber einem sofort fälligen Befreiungsanspruch die vorläufige Befugnis des Befreiungsschuldners durch Sicherheitsleistung vorsehen, auf alle (anderen) Befreiungsansprüche zuzulassen.

---

28 Siehe Gerhardt, S. 22.

29 Vgl. Soergel-Wolf, § 257 Rn. 13; im einzelnen dazu unten S. 151 ff.

C. Die Durchsetzung des Befreiungsanspruches im Zivilprozeß

Bei der zivilprozessualen Behandlung des Befreiungsanspruches ist dessen besonderem Leistungsinhalt und der Rechtsnatur der "Befreiung" Rechnung zu tragen. Abweichungen und Besonderheiten gegenüber sonstigen Ansprüchen können nur aus dem besonderen Anspruchsinhalt resultieren, da sich Befreiungsansprüche durch nichts anderes als den Inhalt der geschuldeten Leistung - die Befreiung von einer (u. U. noch gar nicht fälligen) Verbindlichkeit - von anderen Ansprüchen unterscheiden[1]. Dieser Anspruchsinhalt kann in prozessualer Sicht vor allem dann Fragen aufwerfen, wenn Befreiung von einer noch nicht fälligen Verbindlichkeit verlangt wird. Wie bereits zuvor aufgezeigt[2], sind die in den §§ 257 S. 2, 738 Abs. 1 S. 3, 775 Abs. 2 BGB geregelten Befreiungsansprüche auch bei fehlender Fälligkeit der Drittschuld stets sofort fällig, und andere Befreiungsansprüche sind im Zweifel sofort fällig, so daß es grundsätzlich durchaus möglich sein kann, bereits Befreiung von einer (noch) nicht fälligen Verbindlichkeit zu verlangen. Die sich aus dem besonderen Inhalt des Befreiungsanspruches ergebenden prozessualen Besonderheiten bzw. Durchsetzungsschwierigkeiten, insb. bei noch nicht fälliger und/oder unbestimmter Drittschuld, stel-

---

1 Dazu oben S. 22

2 Siehe oben S. 56 ff.

len sich bereits im Erkenntnisverfahren und nicht erst und nur im Vollstreckungsverfahren. Das Erkenntnisverfahren dient wie die Zwangsvollstreckung der Verwirklichung materieller Rechte. Ein primärer Zweck des Zivilprozesses ist die Durchsetzung subjektiver Privatrechte[3]. In aller Regel setzt die zwangsweise Durchsetzung eines (Befreiungs-) Anspruches ein erfolgreiches Urteilsverfahren im Erkenntnisprozeß voraus[4]. Erkenntnis- und Vollstreckungsverfahren sind selbständige Teile des Zivilprozesses[5], gewährleisten aber erst zusammen die Möglichkeit zur Durchsetzung dessen, was der Kläger mit seiner Leistungsklage erstrebt.

I. Die prozessuale Behandlung des Befreiungsanspruches im Erkenntnisverfahren

Ein Leistungsurteil[6] auf Befreiung setzt eine zulässige und begründete Leistungs- bzw. Befreiungsklage voraus. Hürden für die Durchsetzung eines Befreiungsanspruches können

---

3 So auch die h. L.; siehe etwa Rosenberg-Schwab, S. 3; Grunsky, S. 56 u. die Nw. bei Henckel, S. 51 in Fußn. 61, mit Übersicht über abweichende bzw. modifizierende Ansichten (S. 48 ff.); ferner Gaul, AcP 168, 27 ff., 46 ff.

4 Eine vorläufige zwangsweise Sicherung des Befreiungsanspruches ist im einstweiligen Verfügungs- bzw. auch im Arrestverfahren denkbar; vgl. dazu Güntner, S. 255 f.

5 Z. B. Schubert, JR 1972, 177 m. w. Nw.

6 Nur ein Leistungs- und nicht ein Feststellungsurteil kann zur Zwangsvollstreckung führen. Ein Feststellungsbegehren bedarf keiner Vollstreckung.

sich im Erkenntnisverfahren wegen des besonderen Leistungsinhaltes der Befreiung vor allem im Rahmen der Zulässigkeit und dort im Hinblick auf das Bestimmtheitserfordernis in § 253 Abs. 2 Nr. 2 ZPO und das Rechtsschutzbedürfnis ergeben, und zwar in unterschiedlichem Ausmaß je nachdem, ob die Verbindlichkeit, von der befreit werden soll, fällig, nicht fällig und/oder (der Höhe nach) unbestimmt ist.

1. Zulässigkeit einer Leistungsklage auf Befreiung

Der besondere Inhalt des Befreiungsanspruches ist in erster Linie beim Klageantrag und dementsprechend bei der Verurteilung gebührend zu berücksichtigen. Es empfiehlt sich auch hierbei, nicht nur der Veranschaulichung wegen, soweit wie möglich zwischen fälliger, nicht fälliger und/oder der Höhe nach (noch) unbestimmter Drittschuld zu trennen.

a) Der Klageantrag - insbes. seine Bestimmtheit gemäß § 253 II Nr. 2 ZPO - bei fälliger Drittschuld

aa) Allgemein auf Befreiung

Da es dem Befreiungsschuldner grundsätzlich freisteht, auf welche Art er den Befreiungserfolg herbeiführen will[7], hat der Befreiungsklageantrag auch "nur" allgemein auf Befreiung von einer Verbindlichkeit zu gehen[8].

Hiervon abweichend will *Pecher*[9] bei fälliger Drittverbindlichkeit eine Klage auf Zahlung an den Drittgläubiger in der Form zulassen, daß der Befreiungsgläubiger beantragen könne, den Befreiungsschuldner zu verurteilen, "an den (Dritt-) Gläubiger zu zahlen oder den Befreiungsgläubiger auf andere Art freizuhalten". *Pecher*[10] hält demgemäß eine Verurteilung auf Zahlung an den Drittgläubiger für möglich. Solch ein Urteilstenor widerspricht jedoch dem materiellrechtlichen Anspruch des Befreiungsgläubigers, der im Regelfall lediglich allgemein auf Befreiung und nicht auf Zahlung oder eine be-

---

7 Siehe dazu oben S. 24 ff. und dort Fußn. 1

8 RGZ 70, 257 (261); Staudinger-Selb, § 257 Rn. 8; Soergel-Wolf, § 257 Rn 8; Münchkomm-Keller, § 257 Rn. 11; Gerhardt, S. 13.
Eine andere Frage ist, ob der Gläubiger im Vollstreckungsverfahren eine Konkretisierung auf bestimmte Maßnahmen vornehmen kann bzw. muß; dazu im einzelnen unten S. 138 ff.

9 Pecher, in: Münchkomm, § 775 Rn. 13, bei dem es exemplarisch um den Befreiungsanspruch des Bürgen geht; beipflichtend Geißler, S. 456 (bei Fußn. 61). Ebenso schon früher Güntner, S. 247 f.

10 Münchkomm-Pecher, § 775 Rn. 13.

stimmte Befreiungsmaßnahme gerichtet ist, sondern vielmehr die Art und Weise, wie der geschuldete Befreiungserfolg - die Herstellung des Zustandes der ohne die Belastung des Befreiungsgläubigers mit der Verbindlichkeit bestünde - zu bewirken ist, dem Befreiungsschuldner überläßt. Aus der Rechtsnatur des Befreiungsanspruches als eines Naturalersatzanspruches folgt, daß es dem Befreiungsschuldner zu überlassen ist, welche Maßnahmen er treffen will, um den Befreiungserfolg zu erzielen. Der Befreiungsgläubiger hat keinen Anspruch auf eine bestimmte Maßnahme zur Herbeiführung der Befreiung. Eine Begrenzung des titulierten Anspruches auf eine bestimmte Art der Befreiung würde daher den Befreiungsschuldner in der Wahl der "Befreiungsmittel" unzulässig einschränken.

Da der Befreiungsschuldner, ebenso wie vielfach ein Beklagter bei der geschuldeten Beseitigung von Immissionen[11], nur hinsichtlich der Mittel, mit denen er seine einheitlich geschuldete Leistung - die Befreiung - erfüllen will, die Wahl zwischen verschiedenen an sich gegebenen Möglichkeiten hat, handelt es sich nicht etwa um eine Wahlschuld[12], so daß entgegen *Pecher*[13] und *Geißler*[14] auch eine Anwendung des § 264 Abs. 1 BGB mit der Folge, daß das Wahlrecht auf den Befrei-

---

11 Siehe zu den insofern vergleichbaren Immissionsprozessen v. a. BGH NJW 1978, 1584.

12 Siehe oben S. 26 bei Fußn. 9.

13 Münchkomm-Pecher, § 775 Rn. 13.

14 Geißler, S. 457 (letzter Abs.).

ungsgläubiger überginge, nicht möglich ist. Gegenstand der Vollstreckung ist nicht die Ausübung der Wahl zwischen verschiedenen Maßnahmen, sondern die Durchführung der Maßnahme selbst. Dem Befreiungsschuldner muß deshalb auch bei der Verurteilung grundsätzlich das Wahlrecht bleiben, den Leistungserfolg zu erbringen, wie er will[15]. Daß man darauf abstellt, daß es dem Befreiungsschuldner materiellrechtlich überlassen bleiben kann und muß, wie er den geschuldeten Leistungserfolg herbeiführt, kann nicht als formales Argument abgetan werden[16]. Im Gegenteil trägt diese Regelung in besonderem Maße der Interessenlage, auch des Befreiungsgläubigers, und der Rechtsnatur des Befreiungsanspruches als Herstellungsanspruch Rechnung: Solange die Vermögensbeeinträchtigung des Befreiungsgläubigers lediglich in der Belastung mit einer Verbindlichkeit besteht, der Befreiungsgläubiger aber (noch) nicht "vorgeleistet", d. h. seine eigene Verbindlichkeit also nicht selbst gezahlt bzw. erfüllt hat, ist ihm voll und ganz mit jeder Handlung gedient, die geeignet ist, Befreiung von der Verbindlichkeit herzustellen, so daß es nicht sach- und interessengerecht wäre, dem Befreiungsschuldner, wenn auch erst im Vollstreckungsverfahren, von vornherein die Möglichkeit zu nehmen, die Befreiung auch anders und damit für ihn u. U. günstiger oder genehmer als

---

15 Vgl. Stein-Jonas-Münzenberg, I vor § 803 Rn. 6; Gerhardt, S. 15; ferner z. B. auch zu den insofern vergleichbaren Immissionsprozessen BGH NJW 1978, 1584/1585; OLG Zweibrücken, OLGZ 74, 317 (319).

16 So aber wohl Geißler, S. 456 (l. Sp. oben).

durch Zahlung an den Drittgläubiger herbeizuführen[17]. Die anderen denkbaren Befreiungsalternativen (vor allem Erlaßvertrag, befreiende Schuldübernahme) setzen zwar das Einverständnis des Drittgläubigers[18] voraus, so daß häufig nur die Erfüllung der Drittschuld durch Zahlung an den Drittgläubiger übrigbleiben wird. Deshalb ist es aber noch nicht gerechtfertigt, dem Befreiungsschuldner die anderen Befreiungsalternativen von vornherein wegzunehmen. Es ist jedenfalls nicht auszuschließen, sondern vielmehr durchaus möglich, daß (insb. bei Gegenleistung) ein entsprechendes Einverständnis des Drittgläubigers bzw. zusätzlich eines Vierten bei der befreienden Schuldübernahme und damit der Befreiungserfolg erzielbar ist.[19]. Wenn und solange eine Vermögensbeeinträchtigung in der Belastung mit einer von einem anderen zu vertretenden Verbindlichkeit besteht, entspricht der Anspruch allgemein auf Befreiung den beiderseitigen Interessen von Befreiungsgläubiger und -schuldner. Es ist in dieser Situation kein Nachteil ersichtlich, der dem Befreiungsgläubiger daraus erwachsen könnte, daß er materiellrechtlich "nur" allgemein Befreiung, also Herstellung des Zustandes, der ohne Belastung mit der Verbindlichkeit bestünde, verlangen kann. Die hier vertretene Verurteilung allgemein auf Befrei-

---

17 Vgl. allg. zur Interessenlage insb. auch Gerhard, S. 9 f.

18 Bei der befreienden Schuldübernahme muß sich zusätzlich ein Vierter bereit finden; vgl. näher hierzu Rimmelspacher S. 184.

19 So findet sich denn auch für den Erlaßvertrag ein Beispielsfall in RGZ 102, 52.

ung, die offenläßt, wie der Befreiungserfolg herbeizuführen ist, bereitet - wie sich später im einzelnen noch zeigen wird - bei fälliger Drittschuld auch in der Vollstreckung keine Schwierigkeiten[20]. Selbst wenn, wäre es nicht zulässig, solchen Schwierigkeiten dadurch begegnen zu wollen, daß man den Befreiungsschuldner zu etwas anderem als materiellrechtlich geschuldet verurteilt. Hinsichtlich des Inhaltes der geschuldeten Leistung ist der Befreiungsanspruch ein Aliud gegenüber dem Zahlungsanspruch[21]. In den gesetzlichen (Teil-)Regelungen des Befreiungsanspruches in den §§ 257, 738, 775 BGB wird auch ganz allgemein ein Anspruch "auf Befreiung" gewährt[22]. Etwas anderes, etwa die von *Pecher*[23] für möglich gehaltene Verurteilung des Befreiungsgläubigers auf Zahlung an den Drittgläubiger, bedürfte einer besonderen Regelung.

Es bleibt demnach festzuhalten, daß der Klageantrag auf Befreiung und demgemäß die Verurteilung offenzulassen hat,

---

20 Vgl. dazu im einzelnen unten S. 135 ff.
- Insofern ist bereits der Ansatzpunkt von Pecher, (oben Fußn. 9), der gerade bei fälliger Drittschuld eine Verurteilung auf Zahlung an den Drittgläubiger deshalb zulassen will, weil es "vollstreckungsrechtlich einer maßnahmegerechten Bestimmtheit" bedürfe, verfehlt.

21 Dazu oben S. 30 ff.

22 Zutreffend sieht Gerhardt, S. 9, darin, unter Hinweis auf eine Abweichung vom Entwurf I des BGB, eine auf alle Befreiungsansprüche übertragbare bewußte Entscheidung des Gesetzgebers, dem Befreiungsschuldner die Art und Weise, wie er die Befreiung bewirken will, zu überlassen.

23 Münchkomm-Pecher, § 775 Rn. 13.

auf welche *Art und Weise* der geschuldete Leistungserfolg, die Befreiung, herbeizuführen ist.

bb) Die genaue Bezeichnung bzw. Bezifferung der Drittschuld

Daß die Art und Weise, wie die Befreiung herbeizuführen ist, offenzubleiben hat, heißt allerdings nicht, daß der zu erzielende Erfolg bzw. die Verbindlichkeit, von der befreit werden soll, für einen Leistungsantrag unbestimmt bleiben kann. Den verschiedenen denkbaren Befreiungsmaßnahmen steht ein konkret zu erzielender *Erfolg* - die Befreiung von einer bestimmten Verbindlichkeit - gegenüber, der vom Kläger zu bezeichnen ist.

Gegen die von *Rimmelspacher*[24] aufgestellte These, wonach bei einer der Höhe nach noch unbestimmten Drittschuld schon im Wege der Leistungsklage auf Befreiung geklagt werden und ein entsprechendes unbestimmtes Leistungsurteil ergehen könne, bestehen aus prozessualer Sicht - vor allem im Hinblick auf die §§ 253 Abs. 2 Nr. 2, 308 Abs. 1 ZPO - gewich-

---

24 Rimmelspacher, S. 89 (II.1.), S. 187 (V.1.); ihm folgend Staudinger-Selb, § 257 Rn. 12 und ausführlicher Bischof, ZIP 1984, 1444 (1448 f.); vgl. in diesem Zusammenhang auch OLG Ffm. JurBüro 1978, 770 hinsichtlich einer Drittschuld, von der nicht feststand, ob der Befreiungsgläubiger jemals aus ihr in Anspruch genommen wird. Näher zu dieser Entscheidung unten S. 82.

tige Bedenken. § 253 Abs. 2 Nr. 2 ZPO schreibt für die Klage u. a. zwingend einen "bestimmten Antrag" vor.

Aus § 308 I ZPO, wonach der Tenor an die bestimmten Parteianträge gebunden ist, folgt, daß der Urteilstenor ebenfalls bestimmt sein muß[25]. Nach dem Wortsinn des § 253 II Nr. 2 ZPO kann bei einem (der Bezifferung prinzipiell zugänglichen) Leistungsbegehren, das auf Befreiung von einer Verbindlichkeit gerichtet ist, von einer "bestimmten" Befreiungsforderung doch wohl nur dann die Rede sein, wenn die Verbindlichkeit, von der befreit werden soll, genau angegeben, insb. (bei dem häufigsten Fall der Geldverbindlichkeit) beziffert wird[26]. Der Beklagte (hier Befreiungsschuldner) muß auch sein Risiko erkennen, damit er sich dementsprechend verteidigen kann[27]. Wegen des Bestimmtheitserfordernisses des § 253 Abs. 2 Nr. 2 ZPO muß deshalb die Verbindlichkeit, von der Befreiung verlangt wird, nach Grund und Höhe ein-

---

25 Vgl. z. B. Stein-Jonas, § 253 Anm. III 2 a; Zöller, § 253 Anm. 2b, cc; Schubert, JR 1972, 177 in Fußn. 7.

26 Vgl., sinngemäß für eine Geldforderung, Röhl, S. 57 u. insb. Dunz, S. 1734 (l. Sp.), der zutr. erwähnt, daß unter einem "bestimmten Antrag" grundsätzlich vom Wortsinn her die (exakte) Bezifferung eines jeden (einer Bezifferung zugänglichen) Leistungsbegehrens ("das nicht auf Geldzahlung gerichtet zu sein braucht") zu verstehen sei. Siehe auch Gerstenberg, S. 1353 (l. Sp.). Zur Rspr. des BGH unten S. 92 ff.

27 Im einzelnen zum Normzweck des §§ 253 Abs. 2 Nr. 2 ZPO und zur Interessenlage unten S. 83 ff.

deutig bestimmt sein[28]; es ist somit anzugeben, gegenüber wem, aus welchem Grund und insb. in welcher Höhe die Verbindlichkeit besteht. Anderenfalls, d. h. vor allem bei noch unbestimmter Drittschuld, ist eine Leistungsklage unzulässig, und es kommt nur die Umdeutung in ein Feststellungsbegehren in Betracht[29]. Dementsprechend hat bereits das *RG*[30] einen "unbezifferten" Befreiungsanspruch als "Feststellungsanspruch entsprechenden Inhalts" aufgefaßt.

Rimmelspacher[31] hingegen übergeht die Zulässigkeitsvoraussetzung des § 253 Abs. 2 Nr. 2 ZPO. Ohne einen Unterschied zwischen noch nicht fälliger und unbestimmter Drittschuld zu machen, stellt er beiläufig fest, daß es für eine Leistungsklage und eine entsprechende Verurteilung "keine Rolle spiele, daß die Drittschuld noch nicht fällig oder in ihrem

---

28 Siehe im Ergebnis ebenso OLG Düsseldorf, MDR 1982, 942 und Münchkomm-Keller, § 257 Rn. 11; Soergel-Wolf, § 257 Rn. 8; Stein-Jonas-Münzenberg, § 887 Rn. 4,5,17, die alle auf das OLG Düsseldorf; a.a.O., Bezug nehmen; ferner halten auch Gerhardt, S. 13, u. Güntner, S. 249, eine genaue Angabe der Verbindlichkeit für erforderlich. - Soweit ersichtlich, lassen alle derzeit verfügbaren ZPO-Kommentare unter § 253 ZPO einen Hinweis auf dieses Problem vermissen. - Zur einschlägigen BGH-Rspr., die von den Zuvorgenannten nicht erwähnt wird, unten S. 92 ff.

29 So wäre denn auch der von Bauer, NJW 1989, 2041 (IV), als Bsp. für eine Deckungsklage gegen den Rechtsschutzversicherer (vgl. allg. dazu o. S. 19 f.) vorgeschlagene Leistungsantrag auf Befreiung mangels der Angaben einer bestimmten Höhe der Kostenverbindlichkeit unzulässig und allenfalls in einen Feststellungsantrag umdeutbar. Solange dem Versicherungsnehmer noch keine Kostenrechnungen zugegangen sind bzw., besser gesagt, solange die Höhe der Kosten noch nicht bezifferbar ist, kommt nur eine Feststellungsklage in Betracht.

30 RGZ 122, 284 (289/290); ebenso Güntner, S. 349.

31 Rimmelspacher, S. 89 (II.1.).

Umfang unbestimmt sei"; entscheidend sei allein die "nicht zu leugnende Fälligkeit des Befreiungsanspruches". *Rimmelspacher*[32] widmet sich dann sogleich der Frage, wie die von ihm für so selbstverständlich gehaltene Verurteilung am besten zu vollstrecken sei. Damit übersieht *Rimmelspacher*[33], daß hinsichtlich einer der Höhe nach noch unbestimmten Drittschuld die Bedenken auf einer früheren Stufe einsetzen, nämlich bereits dann, wenn es im Rahmen der Zulässigkeit darum geht, ob ein bestimmter Klageantrag vorliegt. Die prozessuale Zulässigkeit des Klageantrages und des auf diesem beruhenden Urteilstenors sind von der materiellrechtlichen Begründetheit, sprich insbes. von der Fälligkeit, zu trennen. Fehlende Fälligkeit der Drittschuld ist auch nicht zwangsläufig mit deren Unbestimmtheit gleichzusetzen: Eine Verbindlichkeit kann, obwohl noch nicht fällig, dennoch bestimmt (und erfüllbar, § 271 Abs. 2 BGB) sein, während umgekehrt eine unbestimmte Verbindlichkeit stets weder fällig noch erfüllbar ist[34]. Wenn die Höhe der Drittschuld feststeht, was bei fälliger Drittschuld stets der Fall ist, kann und muß die Höhe

---

32 Rimmelspacher, S. 89 (II.1.).

33 Rimmelspacher, S. 89 (II.1.).

34 Demzufolge läßt sich bereits an dieser Stelle absehen, daß im Wege der Leistungsklage Befreiung von einer noch nicht fälligen Drittschuld (nur) durchgesetzt werden kann, sofern diese hinreichend bestimmt ist. Die von Rimmelspacher, S. 90 ff. erörterten Vollstreckungsschwierigkeiten können demnach nur bei bestimmter, aber trotzdem noch nicht fälliger Drittschuld, was selten ist, auftreten, da ansonsten bereits eine Verurteilung scheitert. Zu den Besonderheiten des Klageantrages und der Verurteilung bei noch nicht fälliger, aber bestimmter Drittschuld unten S. 102 ff.

auch im Klageantrag angegeben werden. Die von *Rimmelspacher*[35] hervorgehobene Fälligkeit des Befreiungsanspruches hat nichts damit zu tun, daß die Höhe der Verbindlichkeit, von der befreit werden soll, wegen § 253 Abs. 2 Nr. 2 ZPO bestimmt sein muß. Der Befreiungsanspruch kann zwar bereits dann fällig sein, wenn die Drittschuld noch nicht fällig ist[36]. Insofern ist es auch nicht ausgeschlossen, daß Befreiung von einer noch nicht fälligen Verbindlichkeit verlangt werden kann. Daß die Verbindlichkeit, von der Befreiung verlangt wird, nicht unbedingt immer fällig zu sein braucht, damit der Befreiungsanspruch seinerseits fällig ist, besagt aber nicht, daß sie nicht (wenigstens) der Höhe nach bestimmt sein muß, damit eine Leistungsklage zulässig ist. Die Fälligkeit des Befreiungsanspruches (nicht der Drittschuld) ist lediglich eine Begründetheitsvoraussetzung für die Leistungsklage, die nichts daran zu ändern vermag, daß auch und zuvörderst die allgemeinen Prozeßvoraussetzungen - insb. § 253 Abs. 2 Nr. 2 ZPO - erfüllt sein müssen.

Auch *Bischof*[37] versäumt es, die Bestimmtheit der Drittschuld von deren Fälligkeit (und damit auch der Fälligkeit des Befreiungsanspruches) zu unterscheiden und Verurteilung und Vollstreckung hinreichend auseinanderzuhalten.

---

35 Rimmelspacher, S. 89 (II.1.).

36 Dazu oben S. 56 ff.

37 Bischof, S. 1448 (XII.).

Dies zeigt sich nicht zuletzt daran, daß *Bischof*[38] für die von ihm befürwortete Zulässigkeit einer Leistungsklage auch hinsichtlich einer der Höhe nach noch unbestimmten Drittschuld vorbehaltlos auf das *OLG Frankfurt*[39] verweist. In der Entscheidung des *OLG Frankfurt*[40] geht es jedoch im Rahmen der Vollstreckung (lediglich) um eine noch nicht fällige Drittschuld, von der nicht "feststand", ob der Befreiungsgläubiger aus ihr überhaupt in Anspruch genommen wird. Es ist nichts darüber gesagt, daß auch die Höhe der Drittschuld noch nicht feststand. Daß die Drittschuld noch nicht fällig ist und die Inanspruchnahme des Befreiungsgläubigers aus ihr nicht "feststeht", ist noch nicht gleichbedeutend damit, daß sie auch der Höhe nach noch unbestimmt ist. Wie bereits dargelegt, kann auch eine noch nicht fällige Verbindlichkeit durchaus bereits der Höhe nach festgelegt (und erfüllbar) sein. Solange die Drittschuld (wenigstens) der Höhe nach bestimmt ist, steht die Tatsache, daß sie noch nicht fällig ist und die Inanspruchnahme des Befreiungsgläubigers aus ihr nicht feststeht, der Zulässigkeit einer Leistungsklage im Hinblick auf § 253 Abs. 2 Nr. 2 ZPO nicht entgegen. Daß die Drittschuld nicht fällig ist und die Inanspruchnahme des Befreiungsgläubigers aus ihr nicht "feststeht", könnte allenfalls wegen des Rechtsschutzbedürfnisses auf Bedenken stoßen. Für das Rechts-

---

38 Bischof, S. 1449 (l. Sp., 3.).

39 OLG Frankfurt, JurBüro 1978, 770.

40 OLG Frankfurt, JurBüro 1978, 770.

schutzinteresse reicht es jedoch aus, daß die ernsthafte Möglichkeit einer künftigen Inanspruchnahme nicht ausgeschlossen werden kann[41].

Im Unterschied zu *Rimmelspacher* läßt *Bischof* § 253 Abs. 2 Nr. 2 ZPO zwar nicht gänzlich unerwähnt, sieht aber in einem bestimmten Antrag wohl eher "nur eine saubere prozessuale These"[42] als ein begründetes, zwingendes Zulässigkeitserfordernis. Der Vorwurf einer formalistischen Betrachtungsweise, der damit bei *Bischof*[43] anklingt, vermag nicht zu überzeugen. Der unbedingte Geltungsanspruch des Bestimmtheitserfordernisses hat seinen berechtigten Sinn und Zweck. Daß der Streitgegenstand so genau beschrieben werden soll, damit der Umfang der Rechtskraft bestimmt[44] und ein eventueller Titel vollstreckt werden[45] kann, ist nur eine Funktion des § 253 Abs. 2 Nr. 2 ZPO. Für die Frage der Bezifferung der Verbindlichkeit, von der befreit werden soll, ist - in unserem Zusammenhang - auch entscheidend, daß nach dem Normzweck des § 253 Abs. 2 Nr. 2 ZPO vor allem der Beklagte wissen soll, welche konkrete Leistung von ihm gefordert wird, damit er sein Risiko erkennen, sich demgemäß verteidigen und insb. auch prüfen kann, ob er freiwillig erfüllen bzw. anerkennen

---

41 Siehe BGH NJW 1986, 978; vgl. auch (hinsichtlich einer Feststellungsklage) BGH JR 1985, 60 (61). Näher zum Rechtsschutzinteresse unten S. 98 ff.

42 Bischof, S. 1449/1450.

43 Bischof, S. 1448 ff.

44 Z. B. BGH NJW 1978, 1584; VersR 1982, 68 (69); Dunz, S. 1734 (r. Sp.).

45 BGH NJW 1980, 1450; 1983, 1056; Bischof, S. 1449 (l. Sp. unter 3.).

soll[46]. So mag es z. B. bei einer verhältnismäßig geringfügigen Höhe einer Forderung wegen des mit einem Prozeß verbundenen Arbeits- und Zeitaufwandes und des immer bestehenden Kostenrisikos, vor allem wirtschaftlich gesehen, für den Beklagten durchaus angebracht sein, lieber sogar einmal einen unbegründeten Anspruch zu erfüllen oder anzuerkennen, als einen Rechtsstreit in Kauf zu nehmen[47]. Es besteht demnach "ein berechtigtes Interesse des Beklagten daran, zu wissen, welches Risiko auf ihn zukommt, um danach sein prozessuales Verhalten einrichten zu können"[48]. Da dieses Risiko zweifellos ausschlaggebend von der Höhe, dem Ausmaß, der geforderten Leistung bestimmt wird, ist nicht nur die genaue Angabe des Grundes, sondern grundsätzlich auch die genaue Angabe der Höhe des Leistungsbegehrens zu fordern. Hinzu kommt, daß ohne Angabe der Höhe (oder wenigstens der Größenordnung) der Forderung die in § 93 ZPO vorausgesetzte Möglichkeit einer außergerichtlichen Erledigung unmöglich gemacht bzw. zumindest erschwert wird[49]. Bei dem zur Debatte stehenden Befreiungsbegehren besteht die geforderte Leistung in der Befreiung von einer Verbindlichkeit, so daß das Risiko des Beklagten (Befreiungsschuldners) bedeutend von der Hö-

---

46 Vgl. RGZ 10, 355; BGH NJW 1966, 78; 1978, 1584; 1981, 749 m. w. Nw. u. bes. deutl. 1983, 1056; Pawlowski, S. 343; Dunz, S.1734 (I.1b); Gerstenberg, S. 1354.

47 Vgl. hierzu Dunz, S. 1734 (I 1b).

48 BGH NJW 1966, 780.

49 Vgl. hierzu Pawlowski, S. 344.

he dieser Verbindlichkeit abhängt. Da der Befreiungsschuldner angesichts des regelmäßigen "3-Personen-Verhältnisses" häufig den Drittgläubiger, dem die Verbindlichkeit bzw. Forderung gegen den Befreiungsgläubiger zusteht, gar nicht kennen wird, besteht gerade beim Befreiungsanspruch in besonderem Maße ein schutzwürdiges Interesse des Beklagten, über die Verbindlichkeit, von der er befreien soll, nach Grund und Höhe eindeutig informiert zu werden. Ist die Drittschuld der Höhe nach (noch) unbestimmt, muß sich der Befreiungsgläubiger vorläufig mit einer Feststellungsklage über die Befreiungsverpflichtung dem Grunde nach begnügen, bis die Drittschuld bestimmt geworden ist. Damit wird dem Interesse des Klägers (Befreiungsgläubigers) hinreichend Rechnung getragen[50], ohne andererseits die berechtigten Belange des Beklagten (Befreiungsschuldners) zu verletzen, der verlangen kann, zu erfahren, was von ihm gefordert wird. Zum anderen entspricht dies dem System der ZPO, das Feststellungs- und Leistungsklage, Grund- und Betragsurteil vorsieht und unterscheidet[51]. *Bischof*[52], der hingegen, ebenso wie *Rimmelspacher*[53], eine Leistungsklage auch bei einer der Höhe nach gänzlich unbestimmten Drittschuld zulassen und dem Befrei-

---

50 Die fehlende Vollstreckungsmöglichkeit kann in dieser Situation m. E. auch nicht als unbillig empfunden werden; siehe dazu noch unten S. 91 ff.

51 Siehe allgemein hierzu Röhl, ZZP 85 (1972), 57.

52 Bischof, S. 1448 f.

53 Rimmelspacher, S. 89

ungsgläubiger damit Vollstreckungsmöglichkeiten an die Hand geben will, die ihm nach dem System der ZPO mangels der Möglichkeit einer Verurteilung nicht zustehen können, läßt bei der damit von ihm erstrebten Erleichterung der Rechtsverfolgung des Klägers, Befreiungsgläubigers, die Interessen des beklagten Befreiungsschuldners außer acht. Der Befreiungsgläubiger wird zwar aufgrund dessen, daß die Drittschuld (wenn auch noch in unbestimmter Höhe) bereits auf ihm "lastet"[54] regelmäßig daran interessiert sein, sofort befreit zu werden, um u. a. dem Risiko einer späteren Insolvenz des Befreiungsschuldners zu entgehen[55]. Dieses Interesse vermag es aber nicht zu rechtfertigen, die oben genannten berechtigten Belange des Beklagten an der Angabe eines bestimmten Leistungsinhaltes - denen in § 253 Abs. 2 Nr. 2 ZPO Rechnung getragen wird - unberücksichtigt zu lassen und an dem Klageantrag zu manipulieren[56]. Daß das Bestimmtheitsgebot des § 253 Abs. 2 Nr. 2 ZPO insofern auch und vor allem die Information und damit einen Schutz des Beklagten bezweckt und nicht nur der Vollstreckbarkeit einer eventuellen Verurteilung dient, wird sowohl von *Bischof*[57] als andererseits auch vom *OLG Düsseldorf*[58] verkannt bzw. übersehen.

---

54 Bischof, S. 1448 (r. Sp.).

55 Bischof, S. 1449 (l. Sp.). Dazu schon oben S. 60, Fußn. 11.

56 Davon abgesehen haben die Kläger auch in anderen Verfahren Insolvenzrisiken zu tragen. - Vgl. allgemein zur Interessenlage schon oben S. 60 f.

57 Bischof, S. 1449.

58 OLG Düsseldorf, MDR 1982, 942 (oben Fußn. 27).

Beide sehen die Probleme ausschließlich in der Vollstreckbarkeit. Während *Bischof* auch bei unbestimmter Höhe der Drittschuld die Vollstreckbarkeit aufgrund einer mit *Rimmelspacher*[59] für möglich gehaltenen späteren Bestimmung in der Zwangsvollstreckung bejaht, lehnt das *OLG Düsseldorf*[60] die Vollstreckbarkeit eines "auf Befreiung von einer betragsmäßig nicht feststehenden Schuld gerichteten Titels" ab und kommt dementsprechend im Rahmen von § 253 Abs. 2 Nr. 2 ZPO zu dem zutreffenden Ergebnis, einen Klageantrag, der die Verbindlichkeit, von der befreit werden soll, nicht "nach Grund und Höhe eindeutig bezeichnet", als unzulässig anzusehen. Dahinter steht die Besorgnis, daß andernfalls eine Verurteilung nicht ergeben würde, welcher konkrete Befreiungserfolg dem Befreiungsschuldner abverlangt wird, und eine Vollstreckung demzufolge nicht ohne weitere Aufklärung möglich wäre.

Dem *OLG Düsseldorf*[61] ist m. E. darin beizupflichten, daß einem auf Befreiung von einer unbestimmten, nicht bezifferten Geldverbindlichkeit gerichteten Urteil die Vollstreckbarkeit schlechthin fehlt: Denn der materiellrechtliche Streit

---

59 Rimmelspacher, S. 89 ff., dessen verfehlter Ansatzpunkt allerdings schon darin liegt, ohne weiteres die Möglichkeit einer Verurteilung zu unterstellen, indem er § 253 Abs. 2 Nr. 2 ZPO ganz übergeht. Dadurch scheint es ihm dann nur konsequent, daß die - unterstellte - Verurteilung auch vollstreckbar sein muß, weshalb er denn auch Wege für eine Vollstreckung sucht und anbietet.

60 OLG Düsseldorf, MDR 1982, 942.

61 OLG Düsseldorf, MDR 1982, 942.

über den Betrag bzw. den Inhalt eines Anspruches ist nach dem System der ZPO dem Erkenntnisverfahren vorbehalten und kann nicht Gegenstand des Zwangsvollstreckungsverfahrens sein[62]. Der Inhalt des Anspruches besteht beim Befreiungsbegehren in der Befreiung von einer Verbindlichkeit. Von der Höhe der Verbindlichkeit hängt für den Befreiungsschuldner vor allem das Ausmaß der Befreiungsmaßnahmen ab. Ohne bestimmte Angabe der Höhe der Drittschuld stünde nicht fest, welchen konkreten Befreiungserfolg der beklagte Befreiungsschuldner herbeiführen müßte. Die Verpflichtung des Befreiungsschuldners, der von ihm geschuldete Erfolg, wird damit wesentlich von der Höhe dieser Verbindlichkeit bestimmt, so daß man deren Klärung bzw. betragsmäßige Bestimmung nicht dem Vollstreckungsverfahren überlassen kann[63]. Materiellrechtliche Entscheidungen sind allein im Erkenntnisverfahren vor dem Prozeßgericht und nicht im Vollstreckungsverfahren vor dem Vollstreckungsgericht zu

---

62 Vgl. z. B. RGZ 31, 412 (415 letzter Abs.); OLG Düsseldorf, MDR 1980, 410; 1982, 942; Stein-Jonas-Münzenberg, § 887 Rn. 4 und auch Rn. 17, 19 m. w. Nw. Siehe auch BGH NJW 1978, 1584 (1585 a. E.) u. Schubert, JR 1972, 177, zu dem vergleichbaren Beseitigungsanspruch des § 1004 I BGB, bei dem der Schuldner, wie beim Befreiungsanspruch auch, einen bestimmten Erfolg herbeiführen muß und ihm hinsichtlich der Mittel dazu die Wahl überlassen bleibt.

63 Dementsprechend haben denn auch RGZ 31, 412 ff. u. OLG Düsseldorf, MDR 1980, 410, solche Urteile auf Befreiung von einer Hypothek, die die Höhe des zur Hypothekenbeseitigung nötigen Betrages offenließen, für nicht vollstreckbar erklärt.

treffen[64]; denn Erkenntnis- und Vollstreckungsverfahren sind selbständige, voneinander unabhängige Teile des Zivilprozesses mit eigenen Grundsätzen und unterschiedlichen Zwecken.[65]. Das Erkenntnisverfahren soll eine Entscheidung herbeiführen, während die Vollstreckung der Durchsetzung dieser bereits getroffenen Entscheidung dient. Das Vollstreckungsverfahren ist weder darauf zugeschnitten, noch bietet es die nötigen Rechtsgarantien dafür, eine, jedenfalls eine nicht unschwere, Ermittlung des Leistungsinhaltes vorzunehmen, d. h., m. a. W., einen nicht mehr durch Auslegung bestimmbaren Urteilsinhalt aufzuklären[66].

Selbst wenn man aber diese grundsätzlichen, system- und interessenorientierten Bedenken nicht teilen und eine Klärung eines unbestimmten Titelinhaltes im Vollstreckungsverfahren zulassen und damit eine Vollstreckbarkeit bejahen wollte, so ist dennoch im Rahmen von § 253 II Nr. 2 ZPO ein "unbezifferter Befreiungsantrag" der die Höhe der Drittschuld unbestimmt läßt, unzulässig. Wie oben bereits darge-

---

64 Daß die nach § 887 ZPO zu treffende Entscheidung (vgl. unten S. 124 ff.) vom Prozeßgericht 1. Instanz zu erfolgen hat, ist unbeachtlich, weil es sich hier um eine vollstreckungsrechtliche Entscheidung handelt; zudem ist die gleiche Zusammensetzung des Prozeßgerichts zur Zeit einer nach § 887 ZPO erforderlich werdenden Entscheidung aufgrund der Geschäftsverteilung nicht gewahrt. Deshalb gehört auch im Bereich der Vollstreckung nach §§ 887 ff. ZPO die Klärung eines nicht mehr durch Auslegung bestimmbaren Urteilsinhaltes nicht ins Vollstreckungsverfahren; siehe so ausdrücklich z. B. OLG Hamm, NJW 1974, 652; OLG Köln, NJW 1985, 274.

65 Z. B. Schubert, S. 177 f.m. w. Nw.

66 Vgl. BGH NJW 1981, 749; 1983, 1056 (r. Sp. a. E.); OLG Hamm, NJW 1974, 652 m. w. Nw.; Thomas-Putzo, § 704 Vorbem. IV 1c.

legt, dient § 253 Abs. 2 Nr. 2 ZPO nämlich nicht nur ausschließlich der Vollstreckbarkeit eines eventuellen Titels, sondern bezweckt vor allem auch den Schutz des Beklagten, der ein berechtigtes Interesse daran hat, zu wissen, welches konkrete Risiko auf ihn zukommt. Dieser Schutzzweck des unbedingten Bestimmtheitsgebotes des § 253 Abs. 2 Nr. 2 ZPO zwingt dazu, daß die Drittschuld auch der Höhe nach "eindeutig"[67] bezeichnet sein muß, worunter m. E. bei einer Gelddrittschuld grundsätzlich nur eine exakte Bezifferung verstanden werden kann.

Dadurch wird der klagende Befreiungsgläubiger auch nicht unbillig gegenüber der materiellrechtlichen Regelung benachteiligt. Das prozessuale Hindernis des § 253 Abs. 2 Nr. 2 ZPO bei der Verfolgung von Ansprüchen auf Befreiung von einer der Höhe nach unbestimmten (und damit auch noch nicht fälligen) Verbindlichkeit kann m. E. nicht als unbefriedigend empfunden werden. Es ist nämlich nicht so, daß dadurch hier ein materiellrechtlich bestehender Anspruch prozessual nicht mehr durchsetzbar und insofern wertlos wäre. Nach den materiellrechtlichen Teilregelungen der §§ 257 Satz 2, 738 Abs. 1 Satz 3, 775 Abs. 2 BGB kann zwar bereits Befreiung von einer noch nicht fälligen Verbindlichkeit verlangt

67 OLG Düsseldorf, MDR 1982, 942; ferner die oben S. 79 und dort in Fußn. 28 Genannten.

werden[68], es ist aber nicht gesagt, daß die Verbindlichkeit auch der Höhe nach noch unbestimmt sein kann. Fehlende Fälligkeit und Unbestimmtheit der Höhe sind nicht gleichzusetzen. Es kann Verbindlichkeiten geben, die zwar noch nicht fällig sind, dennoch aber bereits der Höhe nach bestimmt sind[69]. Deshalb wird die materiellrechtliche Regelung einer sofortigen Fälligkeit bestimmter Befreiungsansprüche bei erst künftiger Fälligkeit der Verbindlichkeit auch nicht dadurch wertlos, daß bei noch unbestimmter Höhe das Bestimmtheitserfordernis des § 253 Abs. 2 Nr. 2 ZPO vorläufig eine Durchsetzung im Wege der Leistungsklage verhindert[70].

Das Gebot materieller Gerechtigkeit, dem der Prozeß und die Auslegung des Verfahrensrechtes Rechnung zu tragen hat[71], erfordert und rechtfertigt es hier nicht, dem klagenden Befreiungsgläubiger die prozessuale Möglichkeit zu geben, die Höhe der Verbindlichkeit bei einer Klage auf Befreiung unbestimmt zu lassen und insofern von § 253 Abs. 2 Nr. 2 ZPO, der ja nicht nur eine bloße Formvorschrift ist, abzusehen. Angesichts von Sinn und Zweck des Bestimmtheitsgebo-

---

68 Für andere Befreiungsansprüche ist im Rahmen v. § 271 I BGB im Zweifel eine sofortige Fälligkeit anzunehmen. Vgl. im einzelnen oben S. 56 ff.

69 Siehe auch schon oben S. 56 in Fußn. 2.

70 Die bei Befreiungsansprüchen im Zweifel anzunehmende sofortige Fälligkeit läuft nicht leer, sondern hat ihren Sinn immer noch für die Fälle, in denen die Drittschuld nicht fällig, aber bereits der Höhe nach bestimmt ist.

71 Siehe Thomas-Putzo, Einl. VI.2.; vgl. auch etwa BGH NJW 1979, 658 (659).

tes[72] bestehen keine überwiegenden schutzwürdigen Interessen des Befreiungsgläubigers, die so hinreichend gewichtig wären, als daß es unbillig erschiene, den Befreiungsgläubiger in diesen Fällen vorläufig auf die Feststellungsklage zu verweisen, bis die Drittschuld bestimmt bzw. bestimmbar geworden ist. Dem Insolvenzrisiko des Befreiungsgläubigers steht zudem ein schutzwürdiges Liquiditätsinteresse des Befreiungsschuldners gegenüber[73]. In Anbetracht dessen ist es auch unter materiellrechtlichen und außerprozessualen Erwägungen nicht angezeigt, geschweige denn erforderlich, hinsichtlich einer Befreiungsklage das Bestimmtheitsgebot des § 253 Abs. 2 Nr. 2 ZPO aufzulockern.

Die einschlägige Rechtsprechung des *Bundesgerichtshofes*[74] zur Bestimmtheit speziell des Leistungsantrages auf Befreiung, die im Schrifttum, vor allem in der Kommentarliteratur, nahezu unerwähnt bleibt[75], stellt im Vergleich zu der hier vertretenen Meinung, daß nämlich die Verbindlichkeit

---

72 Siehe oben S. 83 ff.

73 Vgl. schon oben S. 60 f.

74 BGH NJW 1980, 1450; 1981, 870; JurBüro 1981, 846 (r. Sp. unten) und jüngst NJW 1990, 1366 (1367).

75 Vgl. die oben S. 79 und dort in Fußn. 28 Genannten, die durchweg nur lapidar auf das OLG Düsseldorf, MDR 1982, 942, verweisen, das seinerseits ebenfalls den BGH unerwähnt läßt. Soweit ersichtlich, fand die BGH-Rspr. überhaupt nur bei einem Vertreter der Gegenansicht, nämlich bei Bischof, S. 1449, Eingang. Umgekehrt erwähnt aber auch der BGH weder das OLG Düsseldorf, a. a. O., noch Stimmen aus der Wissenschaft.

der Höhe nach "eindeutig"[76] bezeichnet, d. h. m. E. grundsätzlich beziffert sein muß, wohl etwas geringere Anforderungen an die Bestimmtheit. Der *BGH*[77] hat wiederholt festgestellt, daß einem Leistungsantrag auf Befreiung von einer Verbindlichkeit regelmäßig die von § 253 Abs. 2 Nr. 2 ZPO geforderte Bestimmtheit fehle, wenn "kein Anhalt"[78] für den Umfang der Verbindlichkeit bestehe, da anderenfalls eine dementsprechende Verurteilung nicht vollstreckbar sei. Insofern hält zwar auch der *BGH* jedenfalls bei einer der Höhe nach (gänzlich) unbestimmten Verbindlichkeit eine Leistungsklage für unzulässig[79], er läßt aber - anstelle einer exakten Bezifferung

---

76 OLG Düsseldorf, MDR 1982, 942; ferner die oben S. 79 und dort in Fußn. 28 Genannten.

77 Vgl. oben zuvor Fußn. 74.

78 BGH NJW 1980, 1450; 1990, 1366 (1367).

79 Die Entscheidung BGH JR 1985, 60 ff. (= NJW 1984, 2151 ff.), in der es um unbestimmte und insgesamt noch ungewisse Verbindlichkeiten geht, weicht davon im Ergebnis insofern nicht ab, als dort nicht über einen Leistungs-, sondern nur über einen Feststellungsantrag zu befinden war, so daß es auch nicht an der von § 253 II Nr. 2 ZPO geforderten Bestimmtheit fehlen konnte. Das für eine Feststellungsklage eher problematische Feststellungsinteresse (§ 256 ZPO) hat der BGH, a.a.O.S. 61, zu Recht damit bejaht, daß trotz aller Ungewißheiten die ernsthafte Möglichkeit einer künftigen persönlichen Inanspruchnahme aus der Drittforderung bestünde. In seinen Ausführungen zur sofortigen Fälligkeit des Befreiungsanspruches hat der BGH, a. a. O.S. 62, allerdings verkannt, daß es bei einer nach "Entstehen und Höhe noch ungewissen" Drittschuld nicht zu Schwierigkeiten bei der Vollstreckung kommen kann, da wegen § 252 Nr. 2 ZPO bereits eine Verurteilung scheitert. Ähnlich wie Rimmelspacher, S. 89; Bischof, S. 1448, unterscheidet hier auch der BGH, a. a. O. S. 62, insofern nicht zwischen nicht fällig und unbestimmt.
- In einer späteren Entscheidung, BGH NJW 1986, 978, diesmal zu einem Leistungsantrag auf Befreiung, bejaht der BGH zwar zutreff. das

(Fortsetzung auf der nächsten Seite)

- grundsätzlich einen "Anhalt" über den "Umfang" der Verbindlichkeit für die Bestimmtheit im Sinne von § 253 Abs. 2 Nr. 2 ZPO genügen. Bei Zahlungsklagen läßt der *BGH* anstelle einer exakten Bezifferung die Angabe einer "Größenordnung" hingegen - m.E. zu Recht - nur ausnahmsweise in solchen Fällen aus Zumutbarkeitserwägungen ausreichen, in denen die Höhe der Forderung entscheidend von der Ausübung richterlichen Ermessen, wie vor allem beim Schmerzensgeld, § 847 BGB, oder einer richterlichen Schätzung nach § 287 ZPO abhängt[80]. Damit geht der *BGH* bei auf Zahlung eines Geldbetrages gerichteten Klageanträgen offenbar davon aus, daß der Leistungsantrag grundsätzlich beziffert sein muß, um im Sinne von § 253 Abs. 2 Nr. 2 ZPO bestimmt zu sein, und macht hiervon insofern nur eine Ausnahme für die genannten Fälle, in denen die Höhe von richterlichem Ermessen oder richterlicher Schätzung abhängt[81]. Nur dann scheint, angesichts der Unsicherheit, wie das richterliche Ermessen oder die Schätzung ausgeübt wird, eine exakte Bezifferung durch den Kläger unzumutbar[82]. Gleiches hat m. E. in übertrage-

---

(Fortsetzung von der Vorseite)

Rechtsschutzbedürfnis, läßt aber ein Eingehen auf § 253 II Nr. 2 ZPO vermissen, obwohl nach dem Sachverhalt, soweit er veröffentlicht ist, wohl von einem Befreiungsantrag ohne bestimmte Angabe der Höhe der Verbindlichkeit auszugehen ist.

80 Siehe dazu BGH NJW 1966, 780; 1982, 340.

81 Bei diesen Ausnahmen wird zu Recht wenigstens noch eine verbindliche Angabe der ungefähren Größenordnung verlangt; vgl. z. B. BGH NJW 1982, 340; 1984, 1807; a. A. Husmann, S. 3128.

82 Vgl. Pawlowski, S. 343/344.

nem Sinne bei einem auf Befreiung gerichteten Leistungsantrag zu gelten, so daß die (Geld-)Verbindlichkeit, von der befreit werden soll, grundsätzlich exakt beziffert sein muß und ein "Anhalt" bzw. die Angabe einer ungefähren Größenordnung nur ausnahmsweise dann ausreicht, wenn die Höhe der Verbindlichkeit entscheidend vom richterlichen Ermessen, wie insbes. beim Schmerzensgeld (§ 847 BGB), oder einer richterlichen Schätzung nach § 287 ZPO abhängt[83]. Sinn und Zweck des § 253 Abs. 2 Nr. 2 ZPO sprechen gleichermaßen bei einer Zahlungs- als auch bei einer Befreiungsklage dafür, grundsätzlich einen bezifferten Leistungsantrag zu verlangen. In seinen Entscheidungen zu Befreiungsanträgen hat der *BGH*[84] außer acht gelassen, daß das Bestimmtheitserfordernis des § 253 Abs. 2 Nr. 2 ZPO nicht nur der Vollstreckbarkeit dient, sondern vor allem auch einen Schutzzweck für den Beklagten zu erfüllen hat[85]. Diesem Schutzzweck kann man aber, wie bereits dargelegt, gerade auch beim Befreiungsanspruch nur dadurch hinreichend gerecht werden, daß man bei einer Leistungsklage grundsätzlich die Bezifferung der Verbindlichkeit, von der befreit werden soll, verlangt.

---

83 Die Größenordnung kann dann aus der Begründung des Antrages hervorgehen.

84 BGH NJW 1980, 1450; 1981, 870; BGH JurBüro 1981, 846; BGH NJW 1990, 1366.

85 Dazu im einzelnen oben S. 83 f.

cc) Zusammenfassend läßt sich demnach insoweit folgendes Ergebnis festhalten:

- Der Klageantrag hat beim Befreiungsanspruch allgemein auf Befreiung von einer Verbindlichkeit zu lauten, wobei genau angegeben werden muß, gegenüber wem, aus welchem Grund und insbes. in welcher Höhe die Verbindlichkeit besteht. Die (Geld-)Verbindlichkeit, von der befreit werden soll, ist grundsätzlich zu beziffern.

Beispielsweise also: Es wird beantragt, den Beklagten zu verurteilen, den Kläger von dessen Verbindlichkeit gegenüber ... aus (vom ...) in Höhe von ... zu befreien.

Dementsprechend lautet der Tenor des klagestattgebenden Urteils.

- Nur dann, wenn die Höhe der Verbindlichkeit entscheidend von der Ausübung richterlichen Ermessens, wie vor allem beim Schmerzensgeld, oder einer richterlichen Schätzung nach § 287 ZPO abhängt, genügt ausnahmsweise - anstelle einer exakten Bezifferung - nur ein "Anhalt" über den Umfang bzw. die Angabe einer ungefähren Größenordnung.

- Ein Leistungsantrag, der auf Befreiung von einer der Höhe nach noch unbestimmten bzw. unbezifferten Verbindlichkeit gerichtet ist, ist im Sinne von § 253 Abs. 2 Nr. 2 ZPO unbestimmt und damit unzulässig. Es kommt dann nur die Umdeutung in einen Feststellungsantrag in Betracht. Der Befreiungsgläubiger kann grundsätzlich nicht im Wege der Leistungsklage Befreiung von einer der Höhe nach noch unbestimmten Drittschuld verlangen. Insofern ist ein Befreiungsanspruch, solange die Höhe der Drittschuld noch unbestimmt ist, auch noch nicht durchsetzbar.

b) Rechtsschutzinteresse, Klageantrag und Urteilstenor bei noch nicht fälliger, aber der Höhe nach bereits bestimmter Drittschuld

Der Befreiungsgläubiger sieht sich häufig künftigen Verbindlichkeiten ausgesetzt. Nicht selten handelt es sich dabei um Verbindlichkeiten, deren Fälligkeitszeitpunkt noch nicht abzusehen ist, oder um Verbindlichkeiten, die sich auf wiederkehrende Leistungen beziehen[86]. Solche Verbindlichkeiten werden sich oft auf eine (noch) unbestimmte Geldsumme richten. Soweit die Verbindlichkeit aber der Höhe nach noch unbestimmt ist, ist eine eindeutige Bezeichnung bzw. Bezifferung der Verbindlichkeit noch nicht möglich, so daß, wie bereits dargelegt[87], eine Leistungsklage des Befreiungsgläubigers wegen § 253 II Nr. 2 ZPO unzulässig ist. Von einer noch nicht fälligen (Geld-)Verbindlichkeit kann deshalb nur dann

86 Als Beispiele für letztere sind etwa (Betriebs-)Rentenansprüche, vgl. BGH NJW 1984, 2151 ff.; Erbbauzinsen oder Unterhaltsverpflichtungen, vgl. BGH NJW 1980, 1450; JurBüro, 1981, 846, zu nennen. Weitere Bsp. bei Rimmelspacher, S. 89.

87 Oben S. 77 ff.

Befreiung im Wege der Leistungsklage verlangt werden, wenn sie der Höhe nach bereits bestimmt ist. In Fällen, in denen ein Befreiungsanspruch sofort fällig ist[88] und Befreiung von einer noch nicht fälligen Verbindlichkeit verlangt werden kann, ist der Befreiungsschuldner berechtigt, statt der an sich geschuldeten Befreiung, vorläufig bis zum Fälligwerden der Verbindlichkeit, Sicherheit nach Maßgabe der §§ 232 ff. BGB zu leisten[89]. Vor allem wegen jener Befugnis des Befreiungsschuldners ergeben sich im Erkenntisverfahren Besonderheiten, wenn die Klage auf Befreiung von einer noch nicht fälligen (aber der Höhe nach bestimmten) Verbindlichkeit gerichtet ist.

aa) Das Rechtsschutzinteresse

Bezieht sich der Befreiungsanspruch auf eine noch nicht fällige Drittschuld, können sich unter dem Gesichtspunkt des Rechtsschutzinteresses Zweifel an der Zulässigkeit einer Leistungsklage ergeben, da der klagende Befreiungsgläubiger in diesen Fällen noch keiner fälligen Verbindlichkeit ausgesetzt und deshalb vom Drittgläubiger noch nicht in Anspruch genommen werden kann. Für die Bejahung des Rechtsschutzinteresses reicht es jedoch bereits aus, daß die ernsthafte Mög-

88 Vgl. zur Fälligkeit von Befreiungsansprüchen oben S. 56 ff.

89 Im einzelnen dazu oben S. 66 ff.

lichkeit einer künftigen (persönlichen) Inanspruchnahme des Befreiungsgläubigers nicht ausgeschlossen werden kann[90]. Dies steht in Einklang mit der sonstigen Behandlung des Rechtsschutzbedürfnisses bei Leistungsklagen: Auch bei Schwierigkeiten der Leistungserbringung durch den Schuldner fehlt das Rechtsschutzbedürfnis für die Leistungsklage nach allgemeiner Meinung nur dann, wenn von vornherein eindeutig feststeht, daß die Leistung unmöglich ist[91]. Dafür, daß das Rechtsschutzinteresse zu bejahen ist, solange die ernsthafte Möglichkeit einer künftigen Inanspruchnahme nicht ausgeschlossen werden kann, sprechen auch die materiellrechtliche Regelung und die Interessenlage. Der Befreiungsgläubiger hat ein, auch in den §§ 257 Satz 2, 738 Abs. 1 Satz 3, 775 Abs. 2 BGB zum Ausdruck kommendes, berechtigtes Interesse daran, von dem Risiko einer künftigen Inanspruchnahme befreit zu werden bzw. statt der Befreiung zumindest bereits eine vorläufige Sicherung in Form einer Sicherheitsleistung zu erhalten[92]. Der Befreiungsgläubiger hat auch dann ein berechtigtes Interesse an der sofortigen Entlastung vom Risiko der Inanspruchnahme, wenn die Drittschuld

90 BGH NJW 1986, 978 (I.); mit dieser Begründung hat BGH JR 1985, 60 (61) auch das Feststellungsinteresse, § 256 ZPO, bei einer Feststellungsklage bejaht. Vgl. auch OLG Celle FamRZ 1985, 710 (711), das das Rechtsschutzbedürfnis für eine Leistungsklage bejaht, weil die Inanspruchnahme "droht".

91 Vgl. etwa RGZ 31, 412 (416) und insbes. BGH NJW 1974, 2137 (1.) m. w. Nw.; aus der Lit. z. B. Palandt-Heinrichs, Anm. 8 b zu § 275.

92 Zur Interessenlage bereits oben S. 60 f.

noch nicht fällig ist, solange sie jedenfalls aber bereits entstanden, eingegangen ist. Solange die ernsthafte Möglichkeit einer künftigen Inanspruchnahme nicht ausgeschlossen werden kann, ist der Befreiungsgläubiger auch schon durch eine noch nicht fällige Verbindlichkeit belastet, da er dem Risiko, aus der ja bereits eingegangenen Verbindlichkeit später auch in Anspruch genommen zu werden, ausgesetzt ist. Der Interessenlage des Befreiungsschuldners wird dadurch Rechnung getragen, daß man ihm in allen Fällen, in denen die Drittschuld noch nicht fällig ist, die Möglichkeit gibt, vorläufig statt der Befreiung nur Sicherheit zu leisten[93].

Es ist auch nicht etwa so, daß die Befreiung von einer noch nicht fälligen Verbindlichkeit von vornherein unmöglich wäre und deswegen das Rechtsschutzbedürfnis fehlte. Die Verurteilung zu einer Leistung, deren Unmöglichkeit bereits feststeht, ist zwar unzulässig[94]; ein solcher Fall liegt hier jedoch nicht vor. Denn zum einen kann die Verbindlichkeit, obwohl noch nicht fällig, erfüllbar sein (§ 271 Abs. 2 BGB). Zum anderen ist es auch bei noch nicht fälliger und nicht erfüllbarer Verbindlichkeit keineswegs von vornherein unmöglich, die Befreiung zu bewirken. Wenn auch bei noch nicht fälliger und noch nicht erfüllbarer Drittschuld eine Zustimmung des Drittgläubigers erforderlich ist, um den Befreiungserfolg her-

93 Vgl. dazu im einzelnen oben S. 66 ff.

94 Siehe z. B. BGH NJW 1972, 152 (Nr. 5); 1974, 2317 (unter 1.); 1982, 2672 (2673) m. w. Nw.

beizuführen[95], so ist es doch durchaus möglich bzw. zumindest nicht von vornherein auszuschließen, daß der Befreiungsschuldner den Drittgläubiger zu einem entsprechenden Einverständnis, z. B. zu einem Erlaßvertrag, bewegen und damit den Befreiungserfolg, d. h. die Herstellung des Zustandes, der ohne Belastung mit der (noch nicht fälligen) Verbindlichkeit bestünde, erzielen kann.

Ob die erstrebte Verurteilung auf Befreiung von einer noch nicht fälligen Verbindlichkeit vollstreckbar ist, kann an dieser Stelle für die Bejahung des Rechtsschutzbedürfnisses noch dahingestellt bleiben. Denn selbst wenn das Urteil keinen vollstreckungsfähigen Inhalt hätte, müßte das Rechtsschutzbedürfnis bejaht werden, nicht zuletzt auch im Hinblick auf die §§ 893 ZPO, 283 BGB, die dem Gläubiger aufgrund eines titulierten Leistungsanspruchs die Möglichkeit geben, auf vereinfachtem Weg Schadensersatz zu erlangen[96]. Die Vollstreckbarkeit des begehrten Urteils ist jedenfalls kein Erfordernis für das Rechtsschutzbedürfnis[97].

---

95 Dazu Rimmelspacher, S. 91 (r. Sp.) ff.; ferner im einzelnen unten S. 151 ff.

96 Vgl. z. B. BGH NJW 1971, 2065 (2066); 1974, 2317 (unter 2.); speziell zu einem Befreiungsanspruch verweist auch OLG Düsseldorf, MDR 1980, 410, auf § 893 ZPO.

97 Z. B. Grunsky, ZZP 76 (1963), S. 59; soweit ersichtlich allg. Meinung.

bb) Klageantrag und Urteilstenor

Der Befreiungsschuldner hat in analoger Anwendung der §§ 257 Satz 2, 738 Abs. 1 Satz 3, 775 Abs. 2 BGB in allen Fällen, in denen sich ein Befreiungsanspruch auf eine noch nicht fällige Verbindlichkeit bezieht, die Befugnis, statt der Befreiung vorläufig nur Sicherheit an den Befreiungsgläubiger zu leisten[98]. Der Befreiungsschuldner ist nach der materiellrechtlichen Regelung berechtigt, "statt" der an sich geschuldeten Befreiung vorläufig bis zum Fälligwerden der Verbindlichkeit eine Sicherheitsleistung zu erbringen. Klagt der Befreiungsgläubiger auf Befreiung von einer noch nicht fälligen Verbindlichkeit, so muß deshalb auch im Prozeß der vorläufigen Befugnis des Befreiungsschuldners zur Sicherheitsleistung Rechnung getragen werden.

Handelte es sich zwischen Befreiung und Sicherheitsleistung um eine Wahlschuld mit Wahlrecht des Schuldners, müßte der Klageantrag alternativ nach Wahl des Beklagten auf Bewirkung der einen oder anderen Leistung (vgl. § 262 BGB) gerichtet werden[99]. *Koeble*[100] schlägt solch einen, einer Wahlschuld entsprechenden, Alternativantrag für eine Klage auf Befreiung von einer noch nicht fälligen Verbindlichkeit

98 Im einzelnen oben S. 66 ff.

99 Z.B. Soergel-Wolf, § 262 Rn. 33 (mit Tenorierungsbsp. zur Wahlschuld); Staudinger-Selb, § 262 Rn. 17; Furtner, S. 236.

100 Vgl. Koeble, in : Beck'sches Prozeßformularbuch, S. 434: "Der Beklagte wird verurteilt, den Kläger von . . . freizustellen, oder nach seiner Wahl Sicherheit . . . zu leisten."

vor. Im Unterschied zur Wahlschuld, bei der mehrere zur Wahl stehende verschiedene Leistungen geschuldet werden[101], liegt hier aber nur eine Verpflichtung des Schuldners vor, nämlich die Verpflichtung zur Befreiung von einer Verbindlichkeit. Es kann keine Rede davon sein, daß der Befreiungsschuldner, wenn auch nach seiner Wahl, zur Sicherheitsleistung *verpflichtet* wäre, mit der Konsequenz, daß bei nicht rechtzeitiger Vornahme der Wahl das Wahlrecht auf den Gläubiger überginge (§ 264 Abs. 1 BGB). Bei der Sicherheitsleistung handelt es sich vielmehr für den Befreiungsschuldner nicht um eine Verpflichtung, eine Schuld, sondern um eine ihm freigestellte Befugnis. Der Befreiungsschuldner soll nicht gezwungen werden, eine noch gar nicht fällige Drittschuld vorzeitig zu tilgen[102]. Die Sicherheitsleistung ist in den §§ 257 S. 2, 738 Abs. 1 S. 3, 775 Abs. 2 BGB, die insoweit analog für alle sofort fälligen Befreiungsansprüche gelten[103], eindeutig - vgl. den Gesetzeswortlaut "kann" - als Befugnis des Schuldners und nicht als Anspruch des Gläubigers geregelt.

Eine Verurteilung des Befreiungsschuldners zur Sicherheitsleistung, wenn auch alternativ nach dessen Wahl, kann

---

101 Z. B. Staudinger-Selb, § 262 Rn. 7; Soergel-Wolf, § 262 Rn. 3; Palandt-Heinrichs, § 262 Anm. 1a.

102 Staudinger-Selb, § 257 Rn. 12. Zur Interessenlage bei noch nicht fälliger Drittschuld schon oben S. 67 f.

103 Vgl. oben S. 66 ff.

der Befreiungsgläubiger daher nicht verlangen[104]. Der Gläubiger kann jedenfalls, entgegen *Koeble*[105], nicht wie bei einer Wahlschuld alternativ, sondern nur auf Verurteilung zur Befreiung klagen.

Dadurch daß, wie hier, von Anfang an nur eine Leistung geschuldet wird, unterscheidet sich die im Gesetz nicht geregelte, aber seit der Pandektenwissenschaft im Deutschen Zivilrecht als Rechtsfigur anerkannte[106], Ersetzungsbefugnis (facultas alternativa) des Schuldners von der Wahlschuld (§ 262 BGB) mit Wahlrecht des Schuldners.

Bei einer Ersetzungsbefugnis (facultas alternativa) wäre auf die an sich geschuldete Leistung vorbehaltlich der Ersetzungsbefugnis des Schuldners zu klagen[107]. Die Befugnis des Befreiungsschuldners zur Sicherheitsleistung ist allerdings auch keine "echte", "endgültige" Ersetzungsbefugnis, weil der

---

104 So ausdrücklich im Grundsatz auch Soergel-Wolf, § 257 Rn. 14, der dem Befreiungsgläubiger lediglich ausnahmsweise als ultima ratio (über § 257 S. 2 BGB hinaus) dann einen Anspruch auf Sicherheitsleistung zugestehen will, wenn die Vollstreckung des Befreiungsanspruches (noch) nicht möglich und die Sicherheitsleistung insofern die einzige Möglichkeit zur Sicherung des Befreiungsgläubigers ist. Zu dieser Problematik im einzelnen unten S. 155 ff.

105 Koeble, S. 434, der an anderer Stelle (S. 435 Anm. 5) selbst nicht von einer Wahlschuld, sondern von einer Ersetzungsbefugnis spricht.

106 Z.B. Ziegler, S. 203; Palandt-Heinrichs, § 262 Anm. 3 c bb; Soergel-Wolf, § 262 Rn. 16.

107 Siehe Soergel-Wolf, § 262 Rn. 33; Staudinger-Selb, § 262 Rn. 17; Gerhardt, S. 25; vgl. auch Furtner, S. 237 f.; zumindest ungenau hingegen Rosenberg-Schwab, § 100 III 2a, der wohl auch bei der facultas alternativa einen Alternativantrag für zulässig hält. Blomeyer, § 42 III 1 bei FN 5, geht wohl davon aus, daß ein alternativer Klageantrag zulässig sei, die Verurteilung aber den "Zusatz": "Der Beklagte darf die Vollstreckung durch . . . abwenden" erhält.

Schuldner, anders als bei einer Ersetzungsbefungis, nicht berechtigt ist, anstelle der an sich geschuldeten Leistung (Befreiung) eine andere an Erfüllungs Statt zu erbringen (und sich dadurch von seiner eigentlichen (Befreiungs-)Verpflichtung zu befreien)[108], sondern nur *vorläufig*, bis zum Fälligwerden der Verbindlichkeit[109], befugt ist, Sicherheit zu leisten. Die Sicherheitsleistung bewirkt keine Erfüllung, kein Erlöschen des Befreiungsanspruches, so daß der Befreiungsgläubiger nach Fälligwerden der Drittschuld wieder Befreiung verlangen kann[110].

Dies folgt schon sowohl aus den Protokollen für das BGB[111], nach denen die Sicherheit (nur) dafür zu leisten ist, daß die Befreiung bewirkt wird, sobald die Verbindlichkeit fällig ist, als auch daraus, daß die Befreiung im Verhältnis zur Zahlung, und damit erst recht zur Sicherheitsleistung, ein - oftmals günstigeres - Aliud[112] ist und es insofern nicht plausibel wäre, daß ein Befreiungsgläubiger, dem der Schuldner eine Sicherheit geleistet hat, nach Eintritt der Fälligkeit

108 Vgl. zum Inhalt der Ersetzungsbefugnis etwa Staudinger-Selb, § 262 Rn.7; Soergel-Wolf, § 262 Rn. 16; Palandt-Heinrichs, § 262 Anm. 3 c bb.

109 Vgl. §§ 257 S. 2, 738 I 3, 775 II BGB (". . . ist die Verbindlichkeit noch nicht fällig . . .").

110 Heute allg. Meinung; vgl. z. B. RGZ 59, 10 (12 f.); Staudinger-Selb, § 257 Rn. 12; Soergel-Wolf, § 257 Rn. 13; Staudinger-Horn, § 775 Rn 12; Münchkomm-Keller, § 257 Rn. 9; Gernsheim, S. 242; Gerhardt, S. 20; Güntner, S. 242 bei Fußn. 11; Rimmelspacher, S. 89; Reiche, S. 857.

111 Prot. Bd. II, S. 480 (oben).

112 Dazu im einzelnen oben S. 30 ff.

schlechter gestellt sein sollte, als wenn ihm keine Sicherheit geleistet worden wäre[113].

Bliebe es auch nach Eintritt der Fälligkeit der Drittschuld bei einer zuvor geleisteten Sicherheit, hätte der Befreiungsgläubiger, dem Sinn und Zweck des Befreiungsanspruches zuwider, selbst die Leistungsgefahr, Kosten und Mühen einer Übermittlung eines Geldbetrages an den Drittgläubiger zu tragen (§ 270 Abs. 1 BGB)[114]. Wenn die Sicherheitsleistung somit auch kein (endgültiges) Erlöschen des Befreiungsanspruches bewirkt und daher keine "echte" Ersetzungsbefugnis des Schuldners vorliegt[115], steht sie einer facultas alternativa doch weitaus näher als einer Wahlschuld, weil der Schuldner berechtigt (nicht aber verpflichtet) ist, wenigstens vorläufig bis zum Fälligwerden der Verbindlichkeit Sicherheit "statt" (§§ 257 S. 2, 738 Abs. 1 S. 3, 775 Abs. 2 BGB) Befreiung zu leisten. Deshalb scheint es auch nicht von vornherein ungerechtfertigt, von einer vorläufigen, zeitlich begrenzten Ersetzungsbefugnis[116] zu sprechen. Insoweit böte sich ein, der Ersetzungsbefugnis ähnlicher, Klageantrag auf Befreiung vorbehaltlich der Befugnis des Befreiungsschuldners, bis zur Fäl-

---

113 Ausf. RGZ 59, 10 (12f.); Gerhardt, S. 20.

114 Im einzelnen oben S. 30 ff.

115 Vgl. Staudinger-Selb, § 257 Rn. 12; Gerhardt, S. 21; Rimmelspacher, S. 89/90.

116 Vgl. Münchkomm-Keller, § 257 Rn. 9. Siehe auch Soergel-Wolf, § 257 Rn. 14 und Reiche, S. 857, die (ohne Einschränkung) von einer Ersetzungsbefugnis (facultas alternativa) sprechen.

ligkeit der Verbindlichkeit Sicherheit zu leisten, an[117]. Solch weitgehende Gleichbehandlung mit einer Ersetzungsbefugnis trägt aber wiederum dem Umstand, daß die Sicherheitsleistung keine Erfüllung des Befreiungsanspruches bewirkt, nicht ausreichend Rechnung[118].

Genaugenommen kann es begrifflich auch kein zeitlich begrenztes "Erlöschen" und keine vorläufige "Erfüllung" und damit auch keine vorläufige, zeitlich begrenzte Ersetzungsbefugnis geben. Die Sicherheitsleistung bewirkt kein Erlöschen des Befreiungsanspruches, sondern hemmt nur einstweilen seine Durchsetzung, bis die Drittschuld fällig geworden ist[119]. Deshalb ist es treffender, in der Befugnis des Schuldners zur Sicherheitsleistung gar keine Ersetzungsbefugnis, sondern nur ein, der Ersetzungsbefugnis ähnliches, Recht[120] bzw. besser noch eine *vorläufige Abwendungsbefugnis*[121] zu sehen. Da die Sicherheitsleistung nur vorläufig die Durchsetzung des Befreiungsanspruches hemmt, bis die Drittschuld fällig ist, weist *Gerhardt*[122] zu Recht auf eine Vergleichbarkeit mit der

---

117 Beispielsweise also: "... zu befreien, vorbehaltlich der Befugnis des Beklagten, bis zur Fälligkeit der Verbindlichkeit am ... dem Kläger, statt ihn zu befreien, Sicherheit zu leisten".

118 Ein einer Ersetzungsbefugnis weitgehend ähnlicher Klageantrag müßte zumindest den Zusatz "..."*vorläufig*" Sicherheit ..." enthalten.

119 Rimmelspacher, S. 89.

120 Gernsheim, S. 242.

121 BGH NJW 1984, 2151 (2153 r. Sp.) und insbes. Staudinger-Selb, § 257 Rn. 12; Gerhardt, S. 21; Rimmelspacher, S. 89/90.

122 Gerhardt, S. 25. Der bei Gerhardt, a. a. O., genannte § 713 ZPO entspricht § 711 S. 1 ZPO n. F.

vorläufigen Abwendungsbefugnis des § 711 S. 1 ZPO, bei der der Schuldner die Vollstreckung (nur) vorläufig durch Sicherheitsleistung abwenden darf, ohne eine endgültige Abwehrmöglichkeit gegenüber dem Anspruch des Gläubigers zu haben. Daß § 711 S. 1 ZPO von einer, aus Vollstreckungsschutzgründen gewährten, prozessualen Sicherheitsleistung (§ 108 ZPO) handelt, während die Sicherheitsleistung des Befreiungsschuldners eine materiellrechtliche nach §§ 232 ff. BGB ist, macht hier von der Sache her insofern keinen Unterschied, als beiden Fällen gemeinsam ist, daß die Sicherheitsleistung (nur) *vorläufig* die *Durchsetzung* eines Anspruches abwendet.

Ein Klageantrag, der die vorläufige Abwendungsbefugnis des Befreiungsschuldners berücksichtigen soll, muß somit jedenfalls klar erkennen lassen, daß die Sicherheitsleistung, anders als bei einer Wahlschuld, keine Verpflichtung, sondern eine freigestellte Befugnis des Schuldners ist, und, anders als bei einer Ersetzungsbefugnis, kein Erlöschen des Anspruches, sondern nur eine vorläufige Abwendung bewirkt.

Der vorläufigen Abwendungsbefugnis des Befreiungsschuldners wird dementsprechend etwa folgender *Klageantrag* gerecht:

Es wird beantragt, den Beklagten zu verurteilen, den Kläger von dessen Verbindlichkeit gegenüber ... aus ... (vom ...) in Höhe von ... zu befreien, **vorbehaltlich der Befugnis des Beklagten, bis zur Fälligkeit der Verbindlichkeit am**

...[123] die Durchsetzung des Befreiungsanspruches durch Sicherheitsleistung[124] in Höhe von ...[125] abzuwenden.

Der *Tenor* eines klagestattgebenden Urteils hat dann, wenn der Schuldner vor Verhandlungsschluß keine Sicherheit leistet, etwa so zu lauten:

Der Beklagte wird verurteilt, den Kläger von ... zu befreien. **Der Beklagte kann die Vollstreckung bis zur Fälligkeit der Verbindlichkeit am ... durch Sicherheitsleistung in Höhe von ... abwenden[126].**

Hat der Befreiungsschuldner vor Verhandlungsschluß (und vor Fälligkeit der Drittschuld) berechtigterweise Sicherheit geleistet, bietet sich etwa folgende Tenorierung an:

---

123 Steht der Fälligkeitszeitpunkt bereits fest, sollte er auch angegeben werden, da damit die Befugnis zur Sicherheitsleistung endet; vgl. auch zu den Konsequenzen für die Vollstreckung, Gerhardt, S. 25, 28 ff.; ferner noch unten im Text S. 168 bei Fußn. 129.

124 Die Sicherheit ist gegenüber dem Befreiungsgläubiger zu leisten, nicht gegenüber dem Drittgläubiger (vgl. §§ 257 S. 2, 738 I 3, 775 II BGB).

125 Die Höhe der nach §§ 232 ff. BGB zu leistenden Sicherheit bemißt sich nach dem Wert des zu sichernden Anspruches; vgl. Palandt-Heinrichs, Überbl. v. § 232 Anm. 2; Soergel-Fahse, Rn. 9 vor § 232; Rimmelspacher, S. 92. Beim Geldschuldbefreiungsanspruch hat die Höhe der Sicherheit demnach der Höhe der (bezifferten) (Geld-)Verbindlichkeit, von der der Befreiungsgläubiger zu befreien ist, zu entsprechen; vgl. Rimmelspacher, S. 92 (r. Sp,.). Bei der Sicherheitsleistung spart sich der Befreiungsschuldner vorläufig noch die Kosten, Mühen und Gefahren einer Übermittlung des zur Befreiung erforderlichen Geldbetrages an den Drittgläubiger (§ 270 I BGB).

126 Ähnlich Gerhardt, S. 25.

... zu befreien. **Bis zur Fälligkeit der Verbindlichkeit am ... ist die Vollstreckung durch die Sicherheitsleistung des Beklagten abgewendet.**

Problematisch bleibt, was zu geschehen hat, wenn der Kläger bei einer noch nicht fälligen Drittschuld einen vorbehaltlosen Klageantrag stellt, also die vorläufige Abwendungsbefugnis des Beklagten nicht mit in den Klageantrag aufnimmt, und der Beklagte vor Verhandlungsschluß Sicherheit geleistet bzw. sich auf seine vorläufige Abwendungsbefugnis durch Sicherheitsleistung berufen hat. Es fragt sich dann, welche Wirkung die Geltendmachung der vorläufigen Abwendungsbefugnis des Befreiungsschuldners gegenüber der (vorbehaltlosen) Klage des Befreiungsgläubigers hat. Nach *Rimmelspacher*[127], muß eine Klage auf Befreiung ohne weiteres abgewiesen werden, wenn der Befreiungsschuldner vor Schluß der letzten mündlichen Verhandlung Sicherheit leistet. Dies erscheint schon unter prozeßwirtschaftlichen Erwägungen kaum tragbar; denn ein Befreiungsgläubiger, der - wegen eines unterbliebenen bzw. trotz eines richterlichen Hinweises gemäß § 139 Abs. 1 ZPO - die vorläufige Abwendungsbefugnis nicht mit in den Klageantrag aufnimmt[128] und dessen Klage aufgrund einer vor Verhandlungsschluß erfolgten Sicherheitsleistung des Beklagten (als zur Zeit unbegründet) abge-

---

127 Rimmelspacher, S. 89 (r. Sp. letzter Abs.).

128 Die Möglichkeit, die vorläufige Abwendungsbefugnis bereits im Klageantrag zu berücksichtigen, wird von Rimmelspacher, S. 89, nicht bedacht.

wiesen wird, müßte dann ggfs. nach Eintritt der Fälligkeit der Drittschuld erneut auf Befreiung klagen. Dies läßt sich insofern als unbillig empfinden, als der klagende Befreiungsgläubiger bereits einen fälligen Anspruch auf Befreiung innehat, der durch die Sicherheitsleistung nicht erlischt.

Daß der Kläger einen vorbehaltlosen Klageantrag stellt und der Beklagte vor Verhandlungsschluß berechtigterweise seine vorläufige Abwendungsbefugnis geltend macht - was insbes. (konkludent) durch Vortrag tatsächlich Sicherheit geleistet zu haben möglich ist -, kann nicht zur (vollen) Klageabweisung, sondern nur zur Aufnahme eines "Abwendungsvorbehaltes" in die Urteilsformel führen. Mit der Einschränkung, daß die vorläufige Abwendungsbefugnis im Urteil vorbehalten wird, ist der Klage auch dann stattzugeben, wenn der Kläger eine vorbehaltlose Verurteilung, die die vorläufige Abwendungsbefugnis des Beklagten nicht berücksichtigt, beantragt und der Beklagte vor Verhandlungsschluß Sicherheit geleistet hat. Dies folgt vor allem daraus, daß die vorbehaltliche Verurteilung - aus der hervorgeht, daß die Durchsetzung der Befreiung bis zur Fälligkeit der Drittschuld durch Sicherheitsleistung abgewendet ist bzw. noch abgewendet werden kann[129] - gegenüber der vom Kläger beantragten, vorbehaltlosen, uneingeschränkten Verurteilung kein Mehr oder Aliud, sondern ein *Minus* ist. Das Gericht darf nach § 308 I ZPO nur nicht mehr oder etwas anderes zusprechen, als beantragt ist.

---

129 Vgl. zur Urteilsformel oben S. 109 f.

Es darf aber, mit der Folge, daß hinsichtlich der Kosten § 92 ZPO gilt, weniger als beantragt zusprechen[130].
Daß die Sicherheitsleistung einstweilen die Durchsetzung des Befreiungsanspruches hemmt[131], zwingt nicht zur Klageabweisung. Die, im materiellen Recht enthaltene, vorläufige Abwendungsbefugnis des Befreiungsschuldners ist zwar, im Unterschied zu § 711 S. 1 ZPO[132], keine nur aus Vollstreckungsschutzgründen gewährte vollstreckungsrechtliche, sondern eine materielle Befugnis des Schuldners, die sich aus seiner Stellung als Schuldner eines Befreiungsanspruchs ergibt. Aber auch materielle anspruchshemmende Einreden müssen nicht unbedingt die Abweisung der Klage bewirken. Dies zeigen schon die Einreden der §§ 273, 320 BGB, die nach den gesetzlichen Regelungen in den §§ 274 I, 322 I BGB nicht zur vollen Klageabweisung, sondern lediglich zur eingeschränkten Verurteilung (Zug um Zug) führen. Daß hinsichtlich der vorläufigen Abwendungsbefugnis des Befreiungsschuldners eine eingeschränkte, d. h. vorbehaltliche Verurteilung gesetzlich nicht geregelt ist, besagt nicht, daß ein vorbehaltloser Klageantrag abgewiesen werden muß, wenn sich der Befreiungsschuldner auf seine vorläufige Abwendungsbefugnis be-

130 Z. B. Thomas-Putzo, § 308 Anm. 1 b). - Wenn der Kläger einen vorbehaltlosen Antrag stellt und der Beklagte nur seine vorläufige Abwendungsbefugnis geltend macht und den Anspruch ansonsten sofort anerkennt, fallen dem Kläger unter den Vorauss. des § 93 ZPO die gesamten Prozeßkosten zur Last.

131 Rimmelspacher, S. 89.

132 Vgl. zu der ansonsten gegebenen Ähnlichkeit oben S. 107 f.

ruft. Da die rechtliche Einordnung der vorläufigen Sicherheitsleistungsbefugnis des Befreiungsschuldners erheblichen Schwierigkeiten begegnet, dürfte kein Zweifel bestehen, daß eine Gesetzeslücke vorliegt und der Gesetzgeber die spezielle und regelungsbedürftige Frage übersehen hat: Wie wirkt die Geltendmachung der vorläufigen Abwendungsbefugnis des Befreiungsschuldners gegenüber einer vorbehaltlosen Klage?

Durch eine vorbehaltliche Verurteilung, d. h. die Aufnahme eines Abwendungsvorbehaltes in die Urteilsformel, wird den Interessen des beklagten Befreiungsschuldners (insbes. auch dem Umstand, daß er bei einer noch nicht fälligen und nicht erfüllbaren Drittschuld ohne Zustimmung des Drittgläubigers noch gar nicht befreien kann[133]) hinreichend Rechnung getragen: aus dem Titel ist ersichtlich, daß die Durchsetzung des Befreiungsanspruches durch Sicherheitsleistung vorläufig bis zum Fälligwerden der Drittschuld abgewendet ist (so wenn bereits tatsächlich Sicherheit geleistet ist) oder noch abgewendet werden kann[134]. Aufgrund des Abwendungsvorbehaltes im Tenor wird gewährleistet, daß die Sicherheitsleistung die Durchsetzung des Befreiungsanspruches einstweilen hemmt. Nur eine vorbehaltlose Verurteilung würde dazu führen, daß ein Befreiungsschuldner, der die Sicherheitsleistung bereits vor Verhandlungsschluß erbracht hat, die Vollstreckung nicht mehr vorläufig abwenden könn-

---

133 Siehe oben S. 68; ferner im einzelnen unten S. 151 ff.

134 Vgl. oben S. 109 f.

te: § 775 Nr. 4 ZPO schiede aus, weil der Gerichtsvollzieher aus dem Urteil nicht ersehen könnte, ob eine Sicherheitsleistung die Vollstreckung abwenden kann[135].
Demnach läßt sich insoweit im *Ergebnis* festhalten: Leistet der Befreiungsschuldner vor Verhandlungsschluß Sicherheit oder beruft er sich gegenüber einer vorbehaltlosen Klage des Befreiungsgläubigers ausdrücklich auf seine vorläufige Abwendungsbefugnis, so führt dies nicht zur Klageabweisung. Die Geltendmachung der vorläufigen Abwendungsbefugnis des Befreiungsschuldners gegenüber der vorbehaltlosen Befreiungsklage hat nur die Wirkung, daß ein Vorbehalt in die Urteilsformel aufgenommen wird, aus dem hervorgeht, daß die Durchsetzung des Befreiungsanspruchs bis zur Fälligkeit der Drittschuld durch Sicherheitsleistung abgewendet ist oder noch abgewendet werden kann. Um das Risiko von Kostennachteilen im Falle einer Anwendung des § 92 ZPO zu vermeiden, empfiehlt es sich für den Befreiungsgläubiger, die vorläufige Abwendungsbefugnis des Befreiungsschuldners mit in den Klageantrag aufzunehmen.

Anders ist es dagegen, wenn der Befreiungsschuldner seine vorläufige Abwendungsbefugnis nicht geltend macht. In diesem Fall hat dann, wenn der Befreiungsgläubiger der vorläufigen Abwendungsbefugnis des Befreiungsschuldners nicht von sich aus durch einen vorbehaltlichen Klageantrag

---

135 Vgl. Gerhardt, S. 27 bei Fußn. 79 u. S. 28.

Rechnung trägt, ein vorbehaltloses Urteil auf Befreiung zu ergehen, ohne daß die Befugnis des Befreiungsschuldners zur Sicherheitsleistung genannt wird[136]. Denn die (materielle) vorläufige Abwendungs*befugnis* des Befreiungsschuldners ist nicht von Amts wegen zu berücksichtigen, sondern muß ausdrücklich oder konkludent - was insbes. durch Vortrag tatsächlicher Leistung der Sicherheit möglich ist - geltend gemacht werden. *Gerhardt*[137] geht allerdings wohl davon aus, daß von Amts wegen ein dem § 711 S. 1 ZPO ähnlicher Zusatz zu erfolgen habe bzw. "dringend anzuraten" sei. Eine so weitgehende Analogie zu § 711 S. 1 ZPO, in der Form, daß die vorläufige Abwendungsbefugnis des Schuldners von Amts wegen zu berücksichtigen ist, erscheint aber - trotz der ansonsten ähnlichen Rechtslage zu § 711 S. 1 ZPO[138] - insofern unberechtigt, als es sich hier um eine ursprünglich materielle (und keine prozessuale) Befugnis des Schuldners handelt, die sich aus seiner Stellung als Schuldner eines Befreiungsanspruches ergibt[139]. Da die Sicherheitsleistung des Befreiungsschuldners einstweilen (ohne den Bestand des Befreiungsanspruches als solchen zu berühren) die Durchsetzung des Befreiungsan-

---

136 Ungenau insofern Münchkomm-Pecher, § 775 Rn. 17, der davon auszugehen scheint, daß die vorläufige Abwendungsbefugnis generell nie im Urteil vorbehalten zu werden "braucht".

137 Die Gerhardt, S. 25, 26.

138 Vgl. oben S. 107 f.

139 Dazu schon oben S. 112. Gerhardt führt auf S. 28 in Fußn. 83 selbst aus, daß sich die Sicherheitsleistung des Befreiungsschuldners aus seiner "materiell-rechtlichen Schuldnerverpflichtung" ergibt und nicht aus "Vollstreckungsschutzgründen" nachgelassen wird.

spruches hemmt, liegt im materiellrechlichen Sinne eine vorübergehende anspruchshemmende *Einrede* vor. Einreden sind jedoch, im Unterschied zu Einwendungen, nicht von Amts wegen zu berücksichtigen, sondern müssen vom Beklagten geltend gemacht werden[140]. Es besteht auch von der Interessenlage des Befreiungsschuldners her kein zwingendes Bedürfnis, die vorläufige Abwendungsbefugnis von Amts wegen zu beachten. Der Befreiungsschuldner behält nämlich auch dann, wenn seine Befugnis zur Sicherheitsleistung nicht im Urteilstenor genannt ist, weiterhin in jedem Stadium der Zwangsvollstreckung die Möglichkeit, Sicherheit statt Befreiung zu leisten, solange die Verbindlichkeit, von der befreit werden soll, noch nicht fällig ist[141]. Dadurch, daß die Sicherheitsleistung im Urteil nicht vorbehalten ist, geht die vorläufige Abwendungsbefugnis des Befreiungsschuldners nicht verloren. Leistet der Befreiungsschuldner die Sicherheit (nach Schluß der letzten mündlichen Verhandlung), kann er dies zumindest im Wege der Vollstreckungsgegenklage, § 767 ZPO, ggfs. in Verbindung mit einem Antrag auf einstweilige Anordnung nach § 769 ZPO, geltend machen und so einstweilen die Einstellung der Vollstreckung bis zum Fälligwerden der Drittschuld erreichen[142]. Selbst wenn man die Befugnis

---

140 Z.B. BGHZ 1, 234 (239) u. insbes. Thomas-Putzo, IV G2 vor § 253.

141 Siehe Gerhardt, S. 26 f., 28 (1. Abs.); Rimmelspacher, S. 90; ferner die Nachw. unten S. 166 Fußn. 118.

142 Vgl. Gerhardt, S. 28 (1. Abs.); Rimmelspacher, S. 90, 93. Im einzelnen dazu noch unten S. 165 ff.

zur Sicherheitsleistung als "echte" Ersetzungsbefugnis qualifizierte, führte weder die Ausschlußwirkung des § 767 Abs. 2 ZPO noch die Rechtskraft eines vorbehaltlosen Urteils zum Verlust der vorläufigen Befugnis zur Sicherheitsleistung[143].

Insoweit läßt sich *zusammenfassen*, daß die vorläufige Abwendungsbefugnis des Befreiungsschuldners ausdrücklich oder konkludent geltend gemacht werden muß, damit sie in der Urteilsformel vorbehalten wird. Einer besonderen Geltendmachung bedarf es aber dann nicht, wenn der klagende Befreiungsgläubiger der vorläufigen Abwendungsbefugnis von sich aus Rechnung trägt und sie im Klageantrag aufnimmt.

Nur dann, wenn der klagende Befreiungsgläubiger, um dem Risiko von Kostennachteilen zu entgehen, die vorläufige Abwendungsbefugnis mit in den Klageantrag aufnimmt, oder sich der Beklagte auf seine vorläufige Befugnis zur Sicherheitsleistung beruft, ist dem Beklagten im Urteil ausdrücklich die Möglichkeit vorzubehalten, bis zur Fälligkeit der Verbindlichkeit die Vollstreckung durch Sicherheitsleistung abzuwenden. Ist die Befugnis zur Sicherheitsleistung solcherma-

---

143 Vgl. dazu eingehend Gerhardt, S. 26 f.; ebenso Rimmelspacher, S. 90. BGB NJW 1972, 1202; Gernsheim, S. 180 f. und Furtner, S. 238, nehmen hingegen an, daß ein Schuldner seine Ersetzungsbefugnis mit Rechtskraft eines vorbehaltlosen Urteils verliere. Dagegen überzeugend Gerhardt, S. 26 f. Ein Verlust würde nur dann eintreten, wenn das Urteil die Befugnis ausdrücklich verneint hätte oder wenn die Befugnis zur Sicherheitsleistung durch Verzicht oder Verwirkung erloschen wäre, was nach allgemeinen Regeln zu beurteilen ist; vgl. Gerhardt, S. 27 a. E.; Rimmelspacher, S. 90.

ßen im Urteilstenor enthalten[144], hat dies für den Befreiungsschuldner positive Konsequenzen: Ohne eine Vollstreckungsgegenklage nach § 767 ZPO erheben zu müssen, kann er entsprechend § 775 Nr. 4 ZPO[145] einstweilen die Einstellung der Vollstreckung erreichen, wenn er dem Vollstreckungsorgan, das hier die vorläufige Abwendungsbefugnis aus dem Titel ersehen kann, die Sicherheitsleistung durch Vorlage einer öffentlichen Urkunde nachweist[146].

cc) Ergebnis

Die Besonderheiten im Erkenntnisverfahren bei einer noch nicht fälligen Drittschuld lassen sich demnach im Ergebnis folgendermaßen zusammenfassen:

- Der Befreiungsgläubiger kann seinen Befreiungsanspruch auch dann im Wege der Leistungsklage verfolgen, wenn die Verbindlichkeit, von der er befreit werden soll, noch nicht fällig ist, vorausgesetzt, daß die Verbindlichkeit wenigstens bereits der Höhe nach bestimmt ist.

---

144 Vgl. oben S. 109 f.

145 Die Sicherheitsleistung führt zwar nicht dazu, daß der Gläubiger "befriedigt" (§ 775 Nr. 4 ZPO) ist, sie ist aber eine materielle (und keine prozessuale) Befugnis, so daß nicht Nr. 3, sondern Nr. 4 des § 775 I ZPO entsprechend gilt; vgl. Gerhardt, S. 28 in Fußn. 83.

146 Vgl. Gerhardt, S. 28 (2. Abs.); Rimmelspacher, S. 93. Im einzelnen zur vorläufigen Abwendungsbefugnis im Vollstreckungsverfahren unten S. 165 ff.

- Das Rechtsschutzinteresse ist zu bejahen, solange die ernsthafte Möglichkeit einer künftigen Inanspruchnahme des Befreiungsgläubigers nicht ausgeschlossen werden kann.

- Die Befugnis des Befreiungsschuldners zur Sicherheitsleistung - die ihm analog §§ 257 S. 2, 738 I 3, 775 II BGB in allen Fällen, in denen die Drittschuld noch nicht fällig ist, zusteht - ist weder eine Wahlschuld noch eine (echte) Ersetzungsbefugnis, sondern eine, der Rechtslage bei § 711 S. 1 ZPO ähnliche, (materielle) vorläufige Abwendungsbefugnis. Die Sicherheitsleistung bewirkt, daß die Durchsetzung des Befreiungsanspruches vorläufig, bis zum Fälligwerden der Drittschuld, abgewendet ist.

- Der vorläufigen Abwendungsbefugnis des Befreiungsschuldners wird etwa folgender vorbehaltlicher *Klageantrag* gerecht:

Es wird beantragt, die Beklagten zu verurteilen, den Kläger von dessen Verbindlichkeit gegenüber ... aus (vom ...) in Höhe von ... zu befreien, **vorbehaltlich der Befugnis des Beklagten, bis zur Fälligkeit der Verbindlichkeit (am ...) die Durchsetzung des Befreiungsanspruches durch Sicherheitsleistung in Höhe von ... abzuwenden.**

- Der *Tenor* eines klagestattgebenden Urteils hat dann, wenn der Schuldner vor Verhandlungsschluß keine Sicherheit leistet, etwa so zu lauten:

Der Beklagte wird verurteilt, den Kläger von ... zu befreien. **Der Beklagte kann die Vollstreckung bis zur Fällig-**

keit der Verbindlichkeit am ... durch Sicherheitsleistung in Höhe von ... abwenden.

Hat der Befreiungsschuldner vor Verhandlungsschluß berechtigterweise Sicherheit geleistet, bietet sich folgende Tenorierung an:

... zu befreien.

Bis zur Fälligkeit der Verbindlichkeit am ... ist die Vollstreckung durch Sicherheitsleistung des Beklagten abgewendet.

- Trägt der Kläger der vorläufigen Abwendungsbefugnis nicht von sich aus Rechnung und stellt keinen vorbehaltlichen Klageantrag, dann muß der Beklagte seine vorläufige Abwendungsbefugnis ausdrücklich oder konkludent - was insbes. durch tatsächliche Leistung der Sicherheit möglich ist - geltend machen, damit sie in der Urteilsformel vorbehalten wird.

Die Geltendmachung der vorläufigen Abwendungsbefugnis des Befreiungsschuldners gegenüber einer vorbehaltlosen Befreiungsklage führt zwar nicht zur Klageabweisung, sie führt aber dazu, daß keine vorbehaltlose Verurteilung, sondern nur ein Urteil mit einem Vorbehalt ergeht, aus dem ersichtlich ist, daß die Durchsetzung des Befreiungsanspruches bis zur Fälligkeit der Drittschuld durch Sicherheitsleistung abgewendet ist oder noch abgewendet werden kann. Um das Risiko von Kostennachteilen zu vermeiden, empfiehlt es sich für den

Kläger, die vorläufige Abwendungsbefugnis des Befreiungsschuldners mit in den Klageantrag aufzunehmen.

2. Die Bindung an den Antrag, § 308 Abs. 1 ZPO, und Klageänderung - Kann statt unzutreffend beantragter Zahlung Befreiung zugesprochen werden?

Problematisch wird der Urteilsinhalt in Zusammenhang mit § 308 Abs. 1 ZPO, wenn der Kläger anstelle des richtigen Befreiungsantrages irrtümlich einen Antrag auf Zahlung an sich stellt und an diesem festhält (obwohl er selbst noch nicht an den Drittgläubiger vorgeleistet und kein "Übergang" in einen Zahlungsanspruch stattgefunden hat). In Frage kommt dann entweder Klageabweisung oder Verurteilung auf Befreiung mit Teilabweisung der Klage im übrigen[147]. Die zweite Möglichkeit - lediglich Teilabweisung - würde voraussetzen, daß die Befreiung ein Minus gegenüber der Zahlung ist; denn das Gericht ist nach § 308 Abs. 1 ZPO an die Anträge gebunden, es darf nur weniger, aber nicht mehr oder etwas anderes zusprechen, als beantragt ist. Daß Befreiung und Zahlung Ausprägung ein und desselben Anspruches aus dem zugrun-

147 Soweit ersichtlich, findet sich weder in der Rspr. noch in der Lit. eine ausdrückliche Stellungnahme zu dieser Frage.

deliegenden Schuldverhältnis sind[148], vermag nichts daran zu ändern, daß *hinsichtlich des Leistungsinhaltes* die Befreiung aber als Naturalrestitution, auch wirtschaftlich betrachtet, im Verhältnis zur Zahlung grundsätzlich weder ein Minus noch ein Mehr, sondern qualitativ etwas anderes, ein *Aliud*[149] ist. Eine Klage ist deshalb m. E. konsequenterweise insgesamt abzuweisen, wenn ein Kläger bei Vorliegen eines Befreiungsanspruches statt eines Befreiungsantrages einen Zahlungsantrag stellt und an diesem festhält. Ebensowenig kann sonst auf Geldersatz statt Naturalherstellung erkannt werden[150]. Wegen § 308 Abs. 1 ZPO kann somit weder Befreiung statt Zahlung noch Zahlung statt Befreiung zugesprochen werden, wenn der Kläger einen unzutreffenden Antrag stellt.

Der Befreiungsgläubiger muß deshalb von einer irrtümlich erhobenen Zahlungsklage zu einer Befreiungsklage übergehen, um eine Klageabweisung zu vermeiden. Dieser Übergang von einer irrtümlich erhobenen Zahlungsklage zu einer Befreiungsklage ist eine Klageänderung[151], die nach § 263

---

148 Vgl. dazu oben S. 22 bei Fußn. 57. Die Rechtskraftwirkung eines Befreiungsurteils schließt den Verurteilten deshalb auch in einem nachfolgenden Zahlungsprozeß mit Einwendungen gegen das Bestehen der Drittschuld aus; vgl. BGH NJW 1991, 2014 f.

149 Siehe im einzelnen oben S. 30 ff.

150 Thomas-Putzo, § 308 Anm. 1 a.

151 BGHZ 29, 337 = NJW 1959, 887 (l. Sp. unter 2.); Bischof, S. 1448 (XI.). Vgl. auch BGH WPM 74, 1245 f., wo zutreff. festgestellt wird, daß Befreiungs- und Zahlungsklage verschiedenartige Streitgegenstände haben und deshalb keine (doppelte) Rechtshängigkeit (§ 261 ZPO) für eine Zahlungsklage auf Erstattung des zur Schuldtilgung geleisteten Betrages gegenüber einer Befreiungsklage besteht.

ZPO bei Einwilligung des Beklagten oder bei Sachdienlichkeit[152] zulässig ist. Da die Befreiung kein Minus, sondern ein Aliud zur Zahlung ist, kann der Ansicht des *RG*[153], das beim Übergang von einer Zahlungs- zu einer Befreiungsklage anstelle einer Klageänderung nur von einer "Modifizierung" im Sinne einer Beschränkung des Antrages ausging, nicht gefolgt werden.

Hat der Befreiungsgläubiger ursprünglich richtigerweise eine Befreiungsklage erhoben und geht der Befreiungsanspruch nachträglich, d. h. nach Erhebung der Klage, z. B. durch Tilgung der Verbindlichkeit, in einen Zahlungsanspruch über, so kann und muß im Termin zur mündlichen Verhandlung auf das Interesse bzw. auf eine Zahlungsklage übergegangen werden (§ 264 Nr. 3 ZPO), damit die Klage nicht abgewiesen wird. Tritt demnach nach Erhebung der Befreiungsklage ein Zahlungsanspruch anstelle des Befreiungsanspruches, so ist der Übergang von der Befreiungs- zur Zahlungsklage dann ein Fall des § 264 Nr. 3 ZPO und keine Klageänderung.

---

152 Sachdienlichkeit ist regelmäßig ohne weiteres zu bejahen, siehe z. B. BGH NJW 1959, 887 (l. Sp. unter 2.).

153 RGZ 139, 315 (322).

II. Die zwangsweise Durchsetzung des Befreiungsanspruches im Vollstreckungsverfahren

Die bisherige Untersuchung hat ergeben, daß der Befreiungsgläubiger im Erkenntnisverfahren ein Leistungsurteil auf Befreiung von seiner fälligen oder noch nicht fälligen, aber der Höhe nach bereits bestimmten Verbindlichkeit erreichen kann. Allein mit dem Leistungsurteil des Erkenntnisverfahrens hat der Befreiungsgläubiger sein Ziel - die Durchsetzung des Befreiungsanspruches - aber noch nicht verwirklicht. Kommt der Befreiungsschuldner seiner Befreiungspflicht trotz Verurteilung nicht nach, bedarf es einer zwangsweisen Durchsetzung des Befreiungsanspruches im Vollstreckungsverfahren. Dem Vollstreckungsverfahren obliegt die Aufgabe, zu regeln, ob bzw. wie das im Erkenntnisverfahren zugesprochene Recht zwangsweise durchgesetzt wird.

1. Handlungsvollstreckung (§ 887 ZPO) oder Geldvollstreckung (§§ 803 ff. ZPO), wenn Befreiung von einer Geldverbindlichkeit geschuldet wird?

Die praktische Durchführung einer Vollstreckung hängt zunächst davon ab nach welchen Vorschriften sich die Vollstreckung überhaupt richtet.

Ein gemäß einem Befreiungsantrag ergehendes Urteil ist nach heute überwiegender Meinung auch dann im Rahmen der Handlungsvollstreckung und nicht nach den §§ 803 ff. ZPO zu vollstrecken, wenn es sich um die Befreiung von einer Geldschuld handelt[1]. Im Rahmen der Handlungsvollstreckung ist dabei dann § 887 ZPO und nicht § 888 ZPO anzuwenden, weil die Befreiung jedenfalls eine vertretbare Handlung ist, die gemäß § 267 Abs. 1 BGB durch jeden Dritten vorgenommen werden kann[2].

Demgegenüber vertritt eine Mindermeinung die Ansicht, daß ein Anspruch auf Befreiung von einer Verbindlichkeit wie ein Zahlungsanspruch durch Pfändung nach den §§ 803 ff. ZPO zu vollstrecken sei, wenn es sich um die Befreiung von einer Geldverbindlichkeit handelt[3].

Da die Verbindlichkeit, von der Befreiung geschuldet wird, regelmäßig in einer Geldschuld besteht, hat der Meinungsstreit - § 887 ZPO oder §§ 803 ff. ZPO - in den weitaus

---

1 Z. B. RGZ 150, 77 (80); BGHZ 25,1 (7); BGH NJW 1983, 2438 (2439); 1986, 978; OLG Hamm, NJW 1960, 923; OLG Frankfurt Jur. Büro 1978, 770; OLG Düsseldorf MDR 1980, 410; OLG Hamburg, FamRZ 1983, 212 f.; Stein-Jonas-Münzenberg, § 887 Rn. 17; Thomas-Putzo, § 887 Anm. 1 b; Rimmelspacher, S. 90; Gerhardt, S. 14 f; Noack, KKZ 1983, 9 (10); Bischof, S. 1445 m. zahlr. w. Nw. unter Fußn. 14.

2 Siehe etwa BGHZ 25,1 (7); KG, OLGZ 73,54.

3 Schulte, NJW 1960, 902; Trinkl, NJW 1968, 1077 (1078); Baur-Stürner, Rn. 422; jüngst ausf. Geißler, JuS 1988, S. 455 ff.; aus der Rspr. ebenso LG Berlin, JW 1938, 3133 und AG St. Goar, DGVZ 1979, 127. Einschränkend ("ausnahmsweise") Güntner, S. 253 f.

meisten Fällen eines Befreiungsurteiles Bedeutung[4]. *Schulte*[5] und *Geißler*[6] begründen den von ihnen befürworteten Weg über §§ 803 ff. ZPO vor allem damit, daß das Verfahren über § 887 ZPO ein unnötiger Umweg sei. Zudem ziehen sie eine Parallele zu solchen Leistungstiteln, die auf Zahlung an einen Dritten lauten: Befreiungstitel seien mit Urteilen auf Zahlung an einen Dritten, die nach §§ 803 ff. ZPO zu vollstrecken seien, gleich zu behandeln, da die Zahlung (an einen Dritten), wirtschaftlich gesehen, mit der Befreiung gleichbedeutend sei[7]. Noch einen Schritt weiter gehend, begreift *Trinkl*[8] den Befreiungsanspruch sogar direkt als einen Zahlungsanspruch an einen Dritten (den Drittgläubiger).

Das Verfahren der Handlungsvollstreckung nach § 887 ZPO mündet zwar regelmäßig in eine Vollstreckung nach §§ 803 ff. ZPO; denn bei einer Vollstreckung nach § 887 ZPO entsteht dem Gläubiger entweder ein Anspruch auf Kostenvorauszahlung nach § 887 Abs. 2 ZPO oder - wenn er die Ersatzvornahme ohne Vorschuß des Befreiungsschuldners durchgeführt hat - ein Anspruch auf Kostenerstattung nach § 887 Abs. 1 ZPO. Sowohl der Vorauszahlungsbeschluß nach § 887 Abs. 2 ZPO, der ein Titel für die Geldvollstreckung gegen

---

4 Soweit ersichtlich, betreffen alle veröffentlichten Urteile ausnahmslos Sachverhalte, bei denen die Verbindlichkeit in einer Geldschuld bestand.

5 Schulte, S. 902.

6 Geißler, S. 456.

7 Schulte, S. 902; Geißler, S. 456 (l.Sp. unter 2.).

8 Trinkl, S. 1078.

den Schuldner nach § 794 Abs. 1 Nr. 3 ZPO ist, als auch der nach § 788 Abs. 1 ZPO zu vollstreckende Kostenerstattungsanspruch aufgrund des Ermächtigungsbeschlusses nach § 887 Abs. 1 ZPO, sind dann letztlich im Wege der Geldvollstreckung nach §§ 803 ff. ZPO beizutreiben, wenn der Befreiungsschuldner seiner Verpflichtung freiwillig nicht nachkommt[9]. So gesehen stellt sich die Handlungsvollstreckung im Ergebnis oft als "Umweg" dar. Zugegebenermaßen können dem Befreiungsschuldner bei dem Verfahren nach § 887 ZPO auch - gegenüber einer Vollstreckung nach §§ 803 ff. ZPO - zusätzliche Kosten nach § 58 Abs. 3 Nr. 7 BRAGO entstehen[10]. Daraus, daß der Weg über die §§ 803 ff. ZPO für den Gläubiger zeitgünstiger und für den Schuldner kostengünstiger sein kann und eine Anwendung der §§ 803 ff. ZPO insofern "verfahrenswirtschaftlicher"[11] ist, kann aber eine Geldvollstreckung nach §§ 803 ff. ZPO nicht gerechtfertigt werden; denn die größere Verfahrenswirtschaftlichkeit ist erst und nur eine Folge einer - unterstellten - Anwendung der §§ 803 ff. ZPO, die nichts über die Anwendbarkeit der §§ 803 ff. ZPO aussagt, d. h. mit anderen Worten, daß die größere Verfahrenswirtschaftlichkeit, die eine Geldvollstreckung mit sich bringen könnte, die Anwendbarkeit der §§ 803 ff. ZPO voraussetzt.

---

9 Z. B. Geißler S. 456 (l. Sp.) m. w. Nw.

10 Schulte, S. 902.

11 Geißler, S. 456.

Entsprechendes gilt andererseits für das von *Rimmelspacher*[12] für § 887 ZPO angeführte Argument, daß eine Anwendung der §§ 803 ff. ZPO, in den Fällen, in denen der Schuldner zur Befreiung von einer noch nicht fälligen Verbindlichkeit verurteilt ist, auch dann zu praktisch unüberwindbaren Vollstreckungsschwierigkeiten führen könne, wenn die Höhe der Verbindlichkeit schon bestimmt ist[13]. Es ist zwar richtig, daß die Forderung des Drittgläubigers im Einzelfall entgegen der Auslegungsregel des § 271 II BGB bis zur Fälligkeit unerfüllbar bleiben kann, so daß an den Gläubiger (ohne dessen Einverständnis) vor Fälligkeit noch nicht geleistet werden darf bzw. keine Erfüllung eintritt[14]; die daraus in solchen Fällen im Rahmen der §§ 803 ff. ZPO möglichen Vollstreckungsschwierigkeiten[15] können aber die Anwendbarkeit der §§ 803 ff. ZPO nicht von vornherein ausschließen, zumal eine Verurteilung auch nicht begriffsnotwendig bzw. zwangsläufig stets vollstreckbar sein muß[16].

Die Vorschriften der § 803 ff. ZPO sind im II. Abschnitt des 8. Buches der ZPO enthalten, der sich ausschließlich auf die

---

12 Rimmelspacher, S. 90 (r. Sp.). Ähnlich Bischof, S. 1445 (l. Sp.).

13 Nur unter dieser Voraussetzung, d. h., sofern die Höhe der Verbindlichkeit bereits bestimmt ist, kann nach der hier vertretbaren Meinung überhaupt ein Leistungsurteil im Erkenntnisverfahren ergehen, vgl. oben S. 77 ff.

14 Siehe Rimmelspacher, S. 90 (r. Sp.); vgl. auch Palandt-Thomas, § 271 Anm. 3 d, mit Beispielen.

15 Vgl. Rimmelspacher, S. 90 (r. Sp.).

16 Das ergibt sich schon aus der Ausnahme in § 888 II ZPO.

Zwangsvollstreckung wegen Geldforderungen bezieht. Handlungs- und Geldvollstreckung sind in der ZPO streng voneinander getrennt. Mag das Verfahren nach § 887 ZPO gegenüber dem nach den §§ 803 ff. ZPO im Einzelfall auch prozessualen Mehraufwand bedeuten, so muß dies doch als eine der Eigenheit dieses Verfahrens entsprechende und vom Gesetzgeber bewußt in Kauf genommene Folge angesehen werden[17]. Ebensowenig kann umgekehrt für eine Anwendung des § 887 ZPO etwas daraus gewonnen werden, daß bei dem Weg über § 887 ZPO der Schuldner nach § 891 ZPO zu hören ist und die Vollstreckung in der Hand des Prozeßgerichtes erster Instanz (vgl. § 887 I ZPO) bleibt[18]; denn § 891 ZPO und die Zuständigkeit des Prozeßgerichtes sind lediglich Konsequenzen des Verfahrens nach § 887 ZPO, d. h., daß § 891 ZPO die - vorrangig zu klärende - Anwendbarkeit des § 887 ZPO voraussetzt[19]. Insofern geben Überlegungen der Verfahrenswirtschaftlichkeit nichts Entscheidendes für die Lösung der Streitfrage her.

Ausschlaggebend für die Beantwortung der Frage, ob der Befreiungsanspruch auch dann nach § 887 ZPO zu vollstrecken ist, wenn Befreiung von einer Geldschuld geschuldet wird, kann vielmehr auch hier wiederum nur die Rechtsnatur,

---

17 Vgl. ausf. KG, OLGZ 74, 54 (55 ff.).

18 § 891 ZPO und die Zuständigkeit des Prozeßgerichtes 1. Instanz wird z. B. von OLG Hamm, NJW 1960, 923; Gerhardt, S. 14 und Bischof, S. 1445 (r. Sp.) für eine Anwendung des § 887 ZPO angeführt.

19 Insoweit ist Schulte, S. 902 (r. Sp.) zuzustimmen; vgl. auch Geißler, S. 456 f.

der besondere Inhalt, der Befreiung sein. Da die Befreiung gegenüber der Zahlung aufgrund der Übernahme des Übermittlungsrisikos (§ 270 Abs. 1 BGB) durch den Befreiungsschuldner, gerade auch wirtschaftlich betrachtet, ein Aliud ist und es dem Befreiungsschuldner grundsätzlich insbes. freisteht, wie er die Befreiung bewirken will (wobei die Zahlung an den Drittgläubiger nur eine mögliche Art ist)[20], kann der Befreiungsanspruch entgegen der Mindermeinung[21], weder rechtlich noch wirtschaftlich gesehen, als gleichbedeutend mit einem Anspruch auf Zahlung an einen Dritten qualifiziert werden. Der Befreiungsanspruch ist kein Zahlungs-, sondern ein Herstellungsanspruch. Wenn *Schulte*[22] meint, wirtschaftlich gesehen sei es gleichbedeutend, "ob der Schuldner verurteilt ist, den Gläubiger von einer Forderung in Höhe von DM 1000,- zu befreien oder DM 1000,- an ihn zu zahlen", übersieht er, daß der Schuldner bei der Befreiung die Leistungsgefahr, Kosten und Mühen einer Übermittlung des Geldbetrages an den Drittgläubiger, die sonst der Befreiungsgläubiger gem. § 270 Abs. 1 BGB selbst zu tragen hätte, übernehmen muß[23]. Bei dem Vollstreckungsverfahren nach § 887 ZPO bleibt diese Abwälzung des Übermittlungsrisikos auf den Befreiungsschuldner erhalten; denn zu den vorauszuzahlenden Kosten

---

20 Siehe im einzelnen oben S. 24 ff., 30 ff.

21 Schulte, S. 902; Trinkl, S. 1078; Geißler, S. 456.

22 Schulte, S. 902.

23 Vgl. auch oben S. 30 ff.

nach § 887 Abs. 2 ZPO, die durch die Ersatzvornahme entstehen, gehören auch die Kosten der Geldübermittlung[24]. Ebenso liegt die Leistungsgefahr weiterhin beim Befreiungsschuldner: Wenn der vom Befreiungsgläubiger im Wege der Ersatzvornahme (§ 887 Abs. 1 ZPO) übermittelte Geldbetrag verlorengeht und der Befreiungsgläubiger nach § 270 Abs. 1 BGB erneut leisten muß, gehört diese zweite zu leistende Summe zu dem Kostenaufwand, der vom Befreiungsschuldner nach § 887 ZPO zu tragen ist[25].

Nach § 887 Abs. 2 ZPO kann der Schuldner durch einen neuen Antrag auch weitere Vorschußzahlung nachfordern, wenn die Ersatzvornahme einen größeren Kostenaufwand verursacht. Das Verfahren nach § 887 ZPO trägt damit den Besonderheiten des Befreiungsanspruches Rechnung.

Daß der Befreiungsschuldner häufig den Befreiungserfolg nur durch Zahlung an den Drittgläubiger herbeiführen kann -

---

24 Gerhardt, S. 18; v. Olshausen, S. 255.

25 Vgl. Gerhardt, S. 18 u. insbes. v. Olshausen S. 255 f. Dies gilt jedoch dann nicht, wenn sich der Gläubiger unsachmäßig verhalten oder andere als die notwendigen Kosten im Sinne von § 788 ZPO verursacht hat; vgl. Baumbach-Hartmann, § 887 Anm. 3 A; Gerhardt, S. 18. - Dem Vorschlag von Lange, NJW 1958, 497 (r. Sp.), der - um einer zweckwidrigen Verwendung des Vorschusses vorzubeugen - dafür eintritt, daß bei einem Befreiungsanspruch unter Gesamtschuldnern der Befreiungsschuldner den Vorschuß, anstatt ihn zu zahlen, nur zugunsten des (Befreiungs-)Gläubigers hinterlegen müsse und zur Rücknahme berechtigt sein soll, wenn er selbst leiste, braucht und kann deshalb nicht gefolgt werden. Davon abgesehen kommt eine bloße Hinterlegung nur dann in Betracht, wenn ein Schuldner noch nicht zur Erfüllung, sondern vorläufig nur zur Sicherheitsleistung verpflichtet ist; vgl. auch Stein-Jonas § 887 Rn. 48. Hat der Schuldner zu erfüllen, ist eine bloße Hinterlegung mit der Regelung des § 887 ZPO unvereinbar.

weil die anderen Möglichkeiten, die Befreiung zu bewirken, wie z. B. Erlaßvertrag oder befreiende Schuldübernahme, alle das Einverständnis und die Mitwirkung des Drittgläubigers oder sogar zusätzlich eines Vierten voraussetzen[26] -, berechtigt, entgegen *Trinkl*[27], noch nicht dazu, den Befreiungsanspruch als Zahlungsanspruch an einen Dritten anzusehen und dem Befreiungsschuldner damit von vornherein jede - ja durchaus bestehende bzw. zumindest nicht auszuschließende - Möglichkeit abzuschneiden, die Befreiung anders als durch Zahlung an den Drittgläubiger gem. § 267 Abs. 1 BGB zu erreichen. Der Gesetzgeber hat es in den gesetzlichen Regelungen der §§ 257, 738 und 775 BGB, in denen ausdrücklich von "Befreiung" die Rede ist, bewußt dem Befreiungsschuldner überlassen, auf welche Weise er den Befreiungsgläubiger von dessen Verbindlichkeit gegenüber dem Drittgläubiger befreien will[28].

Solange die Vermögensbeeinträchtigung des Befreiungsgläubigers erst noch in der Belastung mit einer Verbindlichkeit besteht, ist dies interessengerecht und nicht zuletzt deshalb auf alle Fälle von Befreiungsansprüchen übertragbar[29]. Mag auch der Befreiungsschuldner in der Regel die Befreiung durch Zahlung an den Drittgläubiger herbeiführen, so steht es

---

26 Vgl. zu den einzelnen Befreiungsalternativen Rimmelspacher, S. 184 und im folgenden unten S. 151 ff.

27 Trinkl, S. 1077 f.

28 Vgl. Gerhard, S. 9; ferner oben S. 24 f., Fußn. 2.

29 Vgl. Gerhardt, S. 9 und oben im Text S .24 ff.

ihm dennoch frei, den Befreiungserfolg auf andere Weise, etwa durch befreiende Schuldübernahme, zu bewirken. Es ist jedenfalls nicht von vornherein unmöglich, daß die Befreiung anders als durch Zahlung an den Drittgläubiger bewirkt werden kann. In den speziellen Fällen, in denen es um die Befreiung von einer Unterhaltsverbindlichkeit geht, kann zudem auch nicht von vornherein ausgeschlossen werden, daß der Schuldner den Unterhalt durch Naturalleistung erfüllt[30]. Der Befreiungsschuldner schuldet allein die "Befreiung", d. h. die Herstellung des Zustandes, der ohne Belastung des Befreiungsgläubigers mit der Verbindlichkeit bestünde. Ebenso wie es einem Geldschuldner grundsätzlich freisteht, wie er die geschuldete Geldsumme an seinen Gläubiger übermittelt, solange nur die Erfüllung eintritt, so ist es auch allein Sache des Befreiungsschuldners, wie er den Befreiungsgläubiger von dessen Verbindlichkeit gegenüber dem Drittgläubiger befreit. Deshalb und vor allem weil der Befreiungsanspruch als Aliud zum Zahlungsanspruch ein auf Naturalrestitution gerichteter Herstellungsanspruch ist, kann man die Befreiung auch in der Vollstreckung nicht von vornherein auf eine Geldzahlung reduzieren, was bei einer direkten Geldvollstreckung nach §§ 803 ff. ZPO der Fall wäre. Der Weg über die §§ 803 ff. ZPO würde der materiellrechtlichen Regelung, nach der der Befreiungsschuldner mehrere Befreiungsmöglichkeiten hat, widersprechen.

---

30 Vgl. OLG Hamburg, FamRZ 1983, 212 (213).

Sofern *Geißler*[31] meint, das materiellrechtliche "Wahlrecht" des Schuldners müsse mit Beginn des Vollstreckungsverfahrens entsprechend § 264 BGB auf den Gläubiger übergeleitet werden, verkennt er, daß es sich bei der Verpflichtung des Befreiungsschuldners nicht um eine Wahlschuld handelt, sondern dem Befreiungsschuldner lediglich verschiedene Mittel freistehen, um die - allein geschuldete - Befreiung zu erfüllen[32].

Durch eine Verurteilung des Befreiungsschuldners tritt auch weder ein Übergang in einen Zahlungsanspruch ein, noch verliert der Befreiungsschuldner dadurch sein Recht, unter verschiedenen Befreiungsalternativen zu wählen[33]. Selbst im Vollstreckungsverfahren hat der Schuldner auch noch nach Erlaß des Ersatzvornahmebeschlusses (§ 887 Abs. 1 ZPO) regelmäßig weiterhin das Recht, den von ihm geschuldeten Leistungserfolg selbst und so zu bewirken, wie er will, und dadurch zu erfüllen[34]. Auch nach Erlaß eines Kostenvorauszahlungsbeschlusses (§ 887 Abs. 2 ZPO) kann der Befreiungsschuldner seiner im Urteil titulierten Befreiungsverpflichtung auf jede beliebige Art und Weise nachkommen, ohne daß

---

31 Geißler, S. 457 a. E.; ähnlich Schulte, S. 902.

32 Vgl. oben S. 26 und dort Fußn. 9.

33 Vgl. Gerhardt, S. 15,

34 Vgl. z. B. RG JW 1898, 201; RGZ 104, 15 (16 f.); OLG Hamm, MDR 1951, 47; OLG Düsseldorf, MDR 1982, 62; OLG München, OLGZ 82, 101; KG OLGZ 74, 54 (58); Gerhardt, S. 15 und insbes. Schneider, MDR 1975, 297 (281); Bischof, S. 1450 (X III.1.). Einschränkend neuerdings OLG Frankfurt, NJW-RR 1989, 59 f.

sich der Befreiungsanspruch in einen Geldanspruch wandelt, da die Zahlung nur als Vorauszahlung für die Kosten einer Ersatzvornahme zu leisten ist[35].

Im *Ergebnis* ist demnach festzuhalten, daß ein Befreiungsurteil ausschließlich im Verfahren nach § 887 ZPO zu vollstrecken ist.

2. Die Durchführung der Vollstreckung gemäß § 887 ZPO im "Normalfall" bei fälliger Drittschuld

Nachdem im Ergebnis feststeht, daß für eine Vollstreckung eines Befreiungstitels ausschließlich das Verfahren nach § 887 ZPO anzuwenden ist[36], bleibt im folgenden zu untersuchen, wie die Vollstreckung im Rahmen des § 887 ZPO praktisch abläuft. Hierbei empfiehlt es sich, zwischen Urteilen, die auf Befreiung von einer fälligen Drittschuld gerichtet sind, einerseits und andererseits solchen, die sich auf eine noch nicht fällige Drittschuld beziehen, zu unterscheiden. Denn bei solchen Befreiungstiteln, die den Befreiungsschuldner zur Befreiung von einer (noch) nicht fälligen Drittschuld verurteilen, können im Einzelfall erhebliche Schwierigkeiten

35 So auch Gerhardt, S. 15.; Bischof, S. 1450 (XIII.1.) m. w. Nw.

36 Vgl. oben S. 124 ff.

bei der zwangsweisen Durchsetzung entstehen, die deren (sofortige) Vollstreckbarkeit überhaupt in Frage stellen[37].

Bei einer fälligen und damit erfüllbaren Drittschuld hingegen ist die Vollstreckung im Grundsatz recht einfach: Der Befreiungsgläubiger kann sich auf Antrag nach § 887 Abs. 1 ZPO vom Prozeßgericht erster Instanz ermächtigen lassen, im Wege der Ersatzvornahme die Befreiung auf Kosten des Schuldners durch einen Dritten vornehmen zu lassen oder selbst vorzunehmen[38]. Gleichzeitig kann und sollte er den Schuldner auch nach § 887 Abs. 2 ZPO zu einer Vorschußzahlung für die Kosten der Ersatzvornahme "verurteilen" lassen[39]. Um die Befreiung vorzunehmen, stehen dem Schuldner, und damit auch dem Gläubiger[40] als Ersatzvornahme im Falle der Nichtvornahme durch den Schuldner, grundsätzlich mehrere Handlungsmöglichkeiten zur Verfügung: Außer durch Erfüllung der Drittschuld gem. § 267 Abs. 1 BGB kann der Befreiungserfolg sowohl durch einen Erlaßvertrag (§ 397 BGB) mit dem Drittgläubiger als auch durch eine befreiende

---

37 Dazu im einzelnen unten S. 151 ff.

38 Statt vieler z. B.: Stein-Jonas-Münzenberg, § 887 Rn. 30; Gerhardt, S. 15; Rimmelspacher, S. 91 m. w. Nw.
- Der Antrag bzw. Ermächtigungsbeschluß braucht weder einen bestimmten Dritten zu benennen, noch die Wahl zwischen einer Selbst- oder einer "Drittvornahme" zu treffen; vgl. Baumbach-Hartmann § 887 Anm. 3 a. - Der Kostenerstattungsanspruch aufgrund § 887 Abs. 1 ZPO ist nach § 788 Abs. 1 ZPO beizutreiben.

39 Zu den vorzuschießenden Kosten im einzelnen unten S. 147 ff.

40 Oder einem Dritten, vgl. oben Fußn. 38.

Schuldübernahme (§§ 414, 415 BGB) der Drittschuld durch einen Vierten erzielbar sein[41]. Die beiden letzten Befreiungsalternativen spielen in der Vollstreckungspraxis eine geringere Rolle, da ein Erlaßvertrag das Einverständnis des Drittgläubigers voraussetzt und für eine befreiende Schuldübernahme neben der Zustimmung des Drittgläubigers zusätzlich die Mitwirkung bzw. Bereitschaft eines Vierten erforderlich ist[42]. Eine bereits fällige Drittschuld ist jedenfalls regelmäßig schon erfüllbar, so daß hier eine Vollstreckung im Wege der Ersatzvornahme auf jeden Fall, nämlich durch Erfüllung der Drittschuld, auch dann möglich ist, wenn Erlaßvertrag und befreiende Schuldübernahme mangels Zustimmung des Drittgläubigers bzw. zusätzlich eines Vierten bei der befreienden Schuldübernahme ausscheiden. Sofern die Drittschuld bereits erfüllungsfällig ist, ist es demnach im Ergebnis ohne weiteres möglich, das Vollstreckungsziel - die Befreiung - durch Erfüllung der Drittschuld zu erreichen, wobei der Gläubiger die dafür nötigen Mittel vorab mit einem Kostenvorauszahlungsbeschluß gem. § 887 Abs. 2 ZPO vom Schuldner eintreiben kann. Die Kostenvorauszahlung entspricht dem Zweck des Befreiungsanspruches, der darauf gerichtet ist, daß der Befreiungsgläubiger, die - vom Befreiungsschuldner zu verantwortende - Verbindlichkeit gegenüber dem Drittgläubiger nicht mit eige-

---

41 Vgl. dazu schon oben S. 25 f. und insbes. Rimmelspacher, S. 90 (r. Sp. unter IV.) ff.

42 Siehe dazu Rimmelspacher, S. 94.

nen Mitteln tilgen muß. Insoweit bereitet die Vollstreckung wenig Schwierigkeiten. Aus der Tatsache, daß der Schuldner bzw. - als Ersatzvornahme - auch der Gläubiger oder ein Dritter die Wahl zwischen mehreren Handlungsmöglichkeiten zur Befreiung hat, ergeben sich jedoch Probleme hinsichtlich der Bestimmtheit des Antrages nach § 887 Abs. 1 ZPO.

a) Die Bestimmtheit von Antrag und Beschluß nach § 887 Abs. 1 ZPO

Da der Befreiungsschuldner nach der materiellrechtlichen Regelung mehrere Befreiungsmöglichkeiten hat und es ihm überlassen ist, auf welche Art und Weise er den geschuldeten Befreiungserfolg herbeiführen will, haben im Erkenntnisverfahren Klageantrag und Urteilstenor nur allgemein auf Befreiung zu lauten, ohne bestimmte Befreiungsmaßnahmen zu nennen[43]. Im Vollstreckungsverfahren stellt sich dann die Frage, ob der Antrag des Gläubigers für die Ersatzvornahme nach § 887 Abs. 1 ZPO ebenso, d. h. ohne eine bestimmte Befreiungsmaßnahme genau zu bezeichnen, allgemein auf Befreiung gehen kann. Hat ein Schuldner materiellrechtlich - wie häufig auch bei der Beseitigung von Immissionen oder von Baumängeln - unter mehreren Maßnahmen bzw. Handlungsmöglichkeiten zur Herbeiführung des geschuldeten Er-

43 Siehe oben S. 72 ff.

folges die Wahl, so ist umstritten, ob der Gläubiger im Vollstreckungsverfahren seinen Antrag nach § 887 Abs. 1 ZPO auf eine bestimmte, genau bezeichnete Maßnahme konkretisieren muß.

Teilweise, vor allem in der Rechtsprechung[44], wird eine genauere Bezeichnung auch im Vollstreckungsverfahren für entbehrlich gehalten. Begründet wird dies vor allem damit, daß kein Grund für eine unterschiedliche Behandlung zwischen Erkenntnis- und Vollstreckungsverfahren ersichtlich sei und dem Schuldner auch in der Zwangsvollstreckung die Wahl unter verschiedenen Handlungsmöglichkeiten bleiben müsse[45]. Zudem sei es dem Gläubiger regelmäßig nicht möglich, zu beurteilen, welche Maßnahme geeignet und notwendig sei, um den im Urteil zuerkannten Anspruch zu erreichen, so daß es ihm nicht zuzumuten sei, eine bestimmte Maßnahme zu bezeichnen und ihn damit dem Risiko auszusetzen, eine ungeeignete Maßnahme zu benennen und dadurch dann erneut einen Antrag nach § 887 Abs. 1 ZPO stellen zu müssen[46].

Die überwiegende Meinung in Rechtsprechung und Schrifttum verlangt demgegenüber, daß der Gläubiger im Antrag nach § 887 Abs. 1 ZPO eine bestimmte Maßnahme, mit der er als Ersatzvornahme das Vollstreckungsziel herbeifüh-

---

44 Siehe OLG Düsseldorf, OLGZ 76, 376 (378); OLG Hamm, MDR 1983, 850 und JurBüro 1984, 1260 f.; OLG München, NJW - RR 1988, 22 (unter 2.).

45 OLG Düsseldorf, OLGZ 76, 376 (378).

46 Vgl. OLG Düsseldorf, OLGZ 76, 376 (378); OLG Hamm, JurBüro 1984, 1260 f.; OLG München, NJW-RR 1988, 22 (unter 2.).

ren will, genau bezeichnen muß[47]. Zur Begründung wird. u. a. angeführt, daß die Bezeichnung einer bestimmten Maßnahme notwendig sei, damit das Gericht prüfen könne, ob überhaupt eine vertretbare Handlung im Sinne des § 887 ZPO vorliege[48]. Es könne nicht dem Belieben des Gläubigers überlassen bleiben, welche Maßnahmen er auf Kosten des Schuldners vornehme[49]. Im Hinblick darauf, daß der Schuldner nur die notwendigen Kosten (§ 788 Abs. 1 ZPO) der Vollstreckung (Ersatzvornahme) zu tragen habe, müsse das Gericht vor der Ermächtigung prüfen können, ob die beabsichtigte Handlung zur Ersatzvornahme zweckmäßig ist und sich mit dem deckt, wozu der Schuldner verurteilt ist[50].

Sofern die Beurteilung, welche bestimmte Maßnahme als Ersatzvornahme geeignet ist, von einer - wie regelmäßig bei Immissions- und Baumängelprozessen - besonderen, dem Gläubiger fehlenden, Sachkunde abhängt, ist der Mindermeinung zuzugeben, daß dem Gläubiger das Risiko erneut einen Antrag nach § 887 ZPO stellen zu müssen, nicht zumut-

---

47 Vgl. RGZ 60, 121; RG JW 1936, 677; OLG Darmstadt, OLG Rsp 26, 414 (415); OLG Zweibrücken, OLGZ 74, 317 (318 f.); OLG Frankfurt, JurBüro 1976, 398 f.; OLG Zweibrücken, JurBüro 1982, 940 und MDR 1983, 500; OLG Frankfurt, JurBüro 1988, 260; Baumbach-Hartmann, § 887 Anm. 4 B m. w. Nw. u. insbes., speziell zur Befreiung, Rimmelspacher, S. 91 (unter 1.). Differenzierend Stein-Jonas-Münzenberg, § 887 Rn. 37, 38.

48 RGZ 60, 120 (121); OLG Darmstadt, OLG Rspr. 26, 414 (415).

49 OLG Zweibrücken, OLGZ 74, 318.

50 RG JW 1936, 677 f.; Rimmelspacher, S. 91.

bar ist[51]. Das von der Mindermeinung ausschließlich in Immissions- oder Baumängelprozessen[52] angeführte Unzumutbarkeitsargument kann jedoch nicht für Befreiungsansprüche[53] gelten, da die Herbeiführung eines Befreiungserfolges, der regelmäßig in der Befreiung von einer Geldverbindlichkeit besteht, normalerweise keine besondere Sachkenntnis voraussetzt. Es sprechen auch keine schutzwürdigen Interessen des Befreiungsschuldners dagegen, daß der Befreiungsgläubiger seinen Antrag auf eine bestimmte Befreiungsmaßnahme richten darf und muß; denn auch nach dem Ermächtigungsbeschluß bleibt der Schuldner regelmäßig materiellrechtlich verpflichtet und befugt, den von ihm geschuldeten Leistungserfolg noch selbst und so zu bewirken, wie er will, und dadurch zu erfüllen[54], so daß dem Schuldner regelmäßig auch noch in der Zwangsvollstreckung die Wahl unter verschiedenen Handlungsmöglichkeiten bleibt. Selbst wenn dies nicht der Fall wäre, ergäbe sich umgekehrt daraus kein Argument für die Mindermeinung, da es keinesfalls zwingend

---

51 So auch Stein-Jonas-Münzenberg, § 887 Rn. 38.

52 Bis auf die Entscheidung RG JW 1936, 677 f., in der es um ein Urteil auf Sicherheitsleistung geht, haben auch alle zuvor in Fußn. 47 für die h. M. zitierten Entscheidungen Immissions- oder Baumängelfälle zum Gegenstand.

53 Speziell zu Befreiungsansprüchen im Rahmen der Bestimmtheit des Antrages nach § 887 ZPO wird, soweit ersichtlich, allein von Rimmelspacher, S. 91, Stellung genommen.

54 Vgl. RGZ 104, 15 (16 f.); Baumbach-Hartmann, § 887 Anm. 3 A; Gerhardt, S. 15; Schneider, S. 281; Bischof, S. 1450 (XIII.1.); siehe auch schon oben S. 134 f. und dort Fußn. 34.

ist, daß ein dem Schuldner im Falle freiwilliger Leistung zustehendes "Wahlrecht" auch noch in der Zwangsvollstreckung erhalten bleiben muß. Daß der Schuldner materiellrechtlich die Wahl unter mehreren Maßnahmen zur Erfüllung hat, steht der Ansicht, daß sich der *Gläubiger* im Rahmen des Vollstreckungsverfahrens *als Ersatzvornahme* für eine bestimmte Art der Durchführung entscheiden muß, nicht entgegen. Im Gegenteil sprechen - im Hinblick darauf, daß die Ersatzvornahme auf Kosten des Schuldners erfolgt - Praktikabilitäts- und Zweckmäßigkeitserwägungen sowie schutzwürdige Interessen gerade auch des Schuldners dafür, daß der Gläubiger einen Ersatzvornahmeantrag auf eine bestimmte, genau bezeichnete Maßnahme konkretisieren muß. Denn nur so kann - aufgrund einer vorherigen Prüfung der Zweckmäßigkeit der bezeichneten Maßnahme durch das Gericht - verhindert werden, daß der Gläubiger nach seinem Gutdünken auf Kosten des Schuldners nicht erforderliche bzw. unzweckmäßige Handlungen vornimmt. Der Schuldner braucht zwar letztlich, d. h. nach der Ersatzvornahme, wenn der Gläubiger deren Kosten verlangt bzw. als Regelfall ein Kostenvorschuß abzurechnen ist, nach § 788 Abs. 1 ZPO nur die Kosten der Vollstreckung zu tragen, die notwendig waren. Wollte man aber deswegen auf die Angabe einer bestimmten Maßnahme in Antrag und Beschluß nach § 887 Abs. 1 ZPO verzichten, so würde man vielfach nach dem Ermächtigungsbeschluß einen neuen Streit der Parteien über die Notwendigkeit der Vollstreckung heraufbeschwören[55]. Ein Schuldner, der die Kosten im Rahmen von § 788 Abs. 1 ZPO für nicht notwendig hält, würde bzw. müßte extra einen Rechtsbehelf gegen den Kostenansatz ergreifen. Ohne eine Prüfung der Zweckmäßigkeit bereits vor dem Ermächtigungsbeschluß mutet man dem Schuldner auch immer zu, Kosten für eine in das Belieben des Gläubigers gestellte ungeeignete Maßnahme auf längere Zeit vorzuschießen. Unter diesen Gesichtspunkten der Verfahrenswirtschaftlichkeit und der Interessenlage scheint es erforderlich bzw. zumindest gerechtfertigt und sinnvoll, daß das Gericht bereits vor der Ermächtigung prüfen kann, ob die beabsichtigte Ersatzvornahmehandlung notwendig und geeignet ist, den vom Urteil bezeichneten Erfolg herbeizuführen, und dann durch den Ermächtigungsbeschluß darüber entscheiden kann. Dazu ist es aber notwendig, daß der Gläubiger in seinem Antrag nach § 887 Abs. 1 ZPO eine bestimmte Maßnahme genau bezeichnet. Hält das Gericht eine andere Maßnahme für geeigneter oder bei gleicher Eignung für kostengünstiger, muß der Gläubiger seinen Antrag ändern, damit er nicht zurückgewiesen wird.[56] Von dem Erfordernis eines bestimmten Antrages

---

55 So auch RG JW 1936, 677 (678).

56 Siehe z. B. Stein-Jonas, § 887 Rn. 38 und dort in Fußn. 174. - Wenn der Schuldner eine lediglich gleich geeignete andere Maßnahme als Gegenvorschlag unterbreitet, ist noch kein Grund ersichtlich, den Gläubiger zu einer Antragsänderung zu zwingen, zumal der Schuldner grundsätzlich auch nach dem Ermächtigungsbeschluß das Recht zur eigenen Erfüllung behält; vgl. im Ergebnis ebenso Stein-Jonas, § 887 Rn. 38 und dort in Fußn. 174; a. A. wohl OLG Zweibrücken, OLGZ 74, 318 (319 f.); OLG Frankfurt, JurBüro 1976, 397 (399); OLG Zweibrücken, MDR 1983, 500.

ist unter Zumutbarkeitserwägungen nur dann ausnahmsweise abzusehen, wenn die Beurteilung, welche bestimmte Maßnahme geeignet ist, von einer besonderen, dem Gläubiger fehlenden, Sachkunde abhängt. Bei einer Verurteilung auf Befreiung genügt es daher nicht, daß der Gläubiger seinen Ersatzvornahmeantrag (§ 887 Abs. 1 ZPO) allgemein auf Befreiung richtet. Der Gläubiger muß vielmehr eine bestimmte Befreiungsmaßnahme - also entweder Erfüllung der Drittschuld oder Erlaßvertrag oder befreiende Schuldübernahme - bezeichnen, damit der Antrag nicht als unzulässig zurückgewiesen wird[57].

Eine Herbeiführung des Befreiungserfolges durch Erlaßvertrag oder befreiende Schuldübernahme setzt die Zustimmung des Drittgläubigers und bei der befreienden Schuldübernahme zusätzlich das Einverständnis bzw. die Mitwirkung eines Vierten voraus[58]. Der Drittgläubiger wird nur gegen eine (entsprechende) Gegenleistung damit einverstanden sein, die Schuld nach § 397 Abs. 1 BGB zu erlassen, so daß es zu dem Abschluß des Erlaßvertrages regelmäßig einer Vereinbarung über den Austausch von Erlaß und Gegenleistung bedarf[59]. Ist der Drittgläubiger dazu bereit, könnte sich der Befreiungsgläubiger gem. § 887 Abs. 1 ZPO zum Abschluß einer entsprechenden Vereinbarung und zur Erbringung der Ge-

57 Im Ergebnis ebenso Rimmelspacher, S. 91. Dementsprechend hat dann ggfs. auch der Ermächtigungsbeschluß zu lauten.

58 Vgl. Rimmelspacher, S. 184.

59 Vgl. Rimmelspacher, S. 184.

genleistung ermächtigen und zugleich nach § 887 Abs. 2 ZPO den Befreiungsschuldner zur Vorschußzahlung für die Kosten der Gegenleistung verurteilen lassen[60].

Zur befreienden Schuldübernahme wird ein Vierter ebenfalls nur gegen eine entsprechende, auch die zusätzlichen Kosten der Übernahme abdeckende Gegenleistung bereit sein. Gelingt es dem Gläubiger unter diesen Voraussetzungen einen zur Schuldübernahme bereiten Vierten zu finden und zusätzlich das notwendige Einverständnis des Drittgläubigers zu erzielen, könnte sich der Gläubiger nach § 887 Abs. 1 ZPO zur Herbeiführung der Schuldübernahme ermächtigen und zugleich den Befreiungsschuldner gem. § 887 Abs. 2 ZPO zur Leistung eines Vorschusses für die Kosten, die dem Gläubiger für die Gegenleistung an den Vierten entstehen, verurteilen lassen[61].

Voraussetzung eines entsprechenden Antrages nach § 887 ZPO ist hierbei nicht nur, daß der Gläubiger die Form der Schuldübernahme und der Gegenleistung sowie die Höhe der Kosten bezeichnet[62], sondern auch, daß er, nach einer entsprechenden Vorabklärung, die erforderliche Zustimmung von Drittgläubiger und Viertem (durch Vorlage entsprechender Erklärungen von diesen) *nachweist*. Denn zu einer Ersatzvornahme, die eine Zustimmung oder Mitwirkung von Dritten

---

60 Vgl. Rimmelspacher, S. 184.

61 Rimmelspacher, S. 184.

62 Siehe Rimmelspacher, S. 184.

voraussetzt, darf nur ermächtigt werden, wenn die erforderliche Zustimmung bis zum Ermächtigungsbeschluß vorliegt[63]. Drittgläubiger und "Vierter" sind weder Vollstreckungsschuldner noch -gläubiger und daher zweifellos Dritte in diesem Sinne. Liegt die erforderliche Zustimmung vor, berechtigt eine erfolgte Ermächtigung den Gläubiger dann auch dazu, zur Durchführung der Ersatzvornahmehandlung erforderliche Verträge mit Dritten im eigenen Namen abzuschließen, wobei der Schuldner die dadurch entstehenden Kosten zu ersetzen hat[64]. Ohne den Nachweis der erforderlichen Zustimmung wäre die Durchsetzbarkeit einer Ersatzvornahme mittels Erlaßvertrag oder befreiender Schuldübernahme höchst zweifelhaft, so daß sich die Erfüllung der fälligen Drittschuld, die nicht die Zustimmung eines Dritten erfordert, als die geeignetere und zweckmäßigere Befreiungsmaßnahme anbietet. Unter den oben dargelegten Gesichtspunkten der Verfahrenswirtschaftlichkeit und vor allem angesichts schutzwürdiger Interessen des Schuldners wäre es sach- und interessenwidrig, den Gläubiger auf Kosten des Schuldners zu einer Maßnahme zu ermächtigen, von der zweifelhaft ist, ob sie überhaupt möglich ist. Ein Antrag auf Ersatzvornahme ist demnach zurückzuweisen, wenn die bezeichnete Maßnahme von der freien Entschließung eines Dritten abhängt und dessen entsprechen-

63 Vgl. OLG Karlsruhe, OLG Rsp 11, 187 f.; OLG Dresden, OLGRsp 15, 287 f.; OLG Frankfurt, MDR 1983, 141; Baumbach-Hartmann, § 887 Anm. 4 B; Stein-Jonas-Münzenberg, § 887 Rn. 10 m. w. Nw.

64 Z. B. Zöller-Stöber, § 887 Rn. 10.

de Zustimmung nicht vorliegt. Für den Befreiungsgläubiger, den, ebenso wie für alle übrigen Voraussetzung der Zwangsvollstreckung, die Beweislast für die Möglichkeit der Ersatzvornahme trifft[65], bedeutet dies, daß er bei Ersatzvornahmeanträgen auf Herbeiführung eines Erlaßvertrages die Zustimmung des Drittgläubigers und bei Anträgen auf Herbeiführung zur Schuldübernahme zusätzlich die Bereitschaft eines Vierten nachweisen muß. Der Gläubiger kann erst ermächtigt werden, wenn er dargetan hat, daß er auch in der Lage ist, die vertretbare Handlung vorzunehmen, und die Vollstreckung nicht ins Leere stößt[66].

b) Der Antrag auf Kostenvorauszahlung für die Durchführung der Ersatzvornahme (§ 887 Abs. 2 ZPO)

Der Befreiungsgläubiger kann gem. § 887 Abs. 2 ZPO zugleich mit dem Ermächtigungsbeschluß, aber auch erst nach dessen Erlaß gesondert[67], beantragen, daß der Schuldner ihm einen Kostenvorschuß für die Durchführung der Ersatzvornahme zahlt. Das Gericht bestimmt die Höhe des Vorschusses nach freiem Ermessen, ohne daß es also zwingend einer Be-

---

65 Z. B. Stein-Jonas-Münzenberg, § 887 Rn. 10 in Fußn. 54.

66 Siehe auch OLG Hamm, NJW 1959, 891; Baumbach-Hartmann, § 887 Anm. 4 B.

67 Z. B. Baumbach-Hartmann, § 887 Anm. 5.

weisaufnahme bedarf[68]. Der Gläubiger muß in seinem Antrag jedoch die Höhe der Kosten substantiiert darlegen, und das Gericht, das den Schuldner nach § 891 ZPO dazu hören muß, darf nicht mehr, als vom Gläubiger verlangt, zusprechen, § 308 Abs. 1 ZPO[69]. Der Vorauszahlungsbeschluß gem. § 887 Abs. 2 ZPO ist nach 794 Abs. 1 Nr. 3 ein Titel für die Geldvollstreckung (§§ 803 ff. ZPO). Läßt sich der Befreiungsgläubiger als Ersatzvornahme zur Erfüllung der Drittschuld ermächtigen, gehören außer dem im Urteil der Höhe nach bestimmten Betrag der Drittschuld auch die Kosten der Geldübermittlung an den Drittgläubiger zu den vorauszuzahlenden Kosten nach § 887 Abs. 2 ZPO, die durch die Ersatzvornahme in Form der Erfüllung der Drittschuld entstehen[70]. Kosten, die der Durchführung der vertretbaren Handlung dienen, gehören ebenso zu den Ersatzvornahmekosten im Sinne von § 887 Abs. 2 ZPO wie Kosten für notwendige Vorbereitungsmaßnahmen[71]. Wird der Befreiungsgläubiger als Ersatzvornahme zur Herbeiführung eines Erlaßvertrages ermächtigt, sind vom Befreiungsschuldner nach § 887 Abs. 2

---

68 OLG Frankfurt, JurBüro 1976, 398; OLG Zweibrücken, JurBüro 1982, 940; Stein-Jonas-Münzenberg, § 887 Rn. 45; Baumbach-Hartmann, § 887 Anm. 5. Das Gericht entscheidet durch einen zu begründenden Beschluß, für den § 329 ZPO gilt; siehe z. B. Baumbach-Hartmann, § 887 Anm. 5.

69 Vgl. Baumbach-Hartmann, § 887 Anm. 5; Zöller-Stöber, § 887 Rn. 11. Siehe zum Ermessensspielraum des Gerichtes auch OLG Frankfurt, JurBüro 1976, 398.

70 Siehe Gerhardt, S. 18; v. Olshausen, S. 255.

71 Vgl. Stein-Jonas-Münzenberg, § 887 Rn. 44.

ZPO die Kosten vorzuschießen, die dem Gläubiger in Form einer Gegenleistung an den Drittgläubiger für dessen Erlaß entstehen[72]. Bei der Ermächtigung, eine befreiende Schuldübernahme herbeizuführen, sind es die Kosten, die dem Gläubiger entstehen, um die Bereitschaft eines Vierten zur Schuldübernahme durch eine Gegenleistung zu bewirken[73]. Die genaue Bezeichnung einer bestimmten Befreiungsmaßnahme als Ersatzvornahme ist deshalb auch für die Bemessung eines Vorschusses nach § 887 Abs. 2 ZPO, für die auf die zweckmäßig erscheinende Maßnahme einzugehen ist, erforderlich.

Das in § 887 Abs. 2 ZPO vorgesehene Recht des Gläubigers auf Nachforderung kann mit neuem Antrag nach § 887 Abs. 2 ZPO auf Erhöhung des bereits angeordneten Vorschusses geltend gemacht werden, wenn sich später zeigt, daß der dem Gläubiger zunächst zugesprochene Betrag nicht ausreicht, um die Ersatzvornahme durchzuführen[74]. Die Höhe der Nachforderung steht ebenfalls im Ermessen des Gerichts, das die Angemessenheit des weiteren Vorschusses selbständig zu prüfen und zu begründen hat[75].

---

72 Vgl. Rimmelspacher, S. 184.

73 Vgl. Rimmelspacher, S. 184.

74 Allg. Meinung; vgl. z. B. OLG Hamm, MDR 1972, 615; Baumbach-Hartmann, § 887 Anm. 5, je m. w. Nw.

75 OLG Frankfurt, JurBüro 1976, 388; Zöller-Stöber, § 887 Rn. 12; unbestritten.

Da ein Vorschuß begrifflich und sachlich nur für solche Handlungen möglich ist, die noch ausstehen, kann nach Vornahme der Handlung durch den Gläubiger eine Vorschußzahlung nicht mehr angeordnet werden[76]. Diese Mehrkosten, die sich erst nach der Ersatzvornahme zeigen, sind nun vielmehr im Rahmen des § 788 Abs. 1 ZPO als Zwangsvollstreckungskosten geltend zu machen[77].

Wenn im Gegensatz dazu der Vorschuß zu hoch bemessen war, muß der Schuldner notfalls gegen den Gläubiger auf Rückzahlung des nicht verbrauchten Vorschußanteils klagen[78]. Nach herrschender Meinung[79] kann der Befreiungsschuldner (mit einem Zahlungsanspruch) gegen den dem Befreiungsgläubiger durch Beschluß gem. § 887 Abs. 2 ZPO zuerkannten Kostenvorauszahlungsanspruch aufrechnen. Diesem in der Vollstreckung entstehenden Zahlungsanspruch auf Kostenvorschuß mangelt es nämlich nicht an der erforderlichen Gleichartigkeit (§ 387 BGB). Der Einwand von *Gerhardt*[80], daß die Aufrechnung wegen der besonderen Zweckbindung des Kostenvorauszahlungsanspruches ausgeschlossen sei, vermag nicht zu überzeugen. Der Vorschuß dient zwar dazu, die Durchführung der Ersatzvornahme zu ermöglichen;

---

76 Allg. Meinung; vergl. OLG Hamm, MDR 1972, 615.

77 Siehe etwa Baumbach-Hartmann, § 887 Anm. 5; Thomas-Putzo, § 887 Anm. 3 c cc; Zöller-Stöber, § 887 Rn. 12.

78 Baumbach-Hartmann, § 887 Anm. 5.

79 Z. B. OLG Bremen, NJW 1963, 2080; Baumbach-Hartmann, § 887 Anm. 5; ausf. v. Olshausen, S. 262 ff. m. w. Nw.; a. A. Gerhardt, S. 76.

80 Vgl. Gerhardt, S. 76.

dies ist aber noch kein Hindernis für eine Aufrechnung gegen den Vorschußanspruch. Denn es macht keinen entscheidenden Unterschied, ob der Befreiungsgläubiger den Vorschuß bar erhält oder ob ihm infolge einer Aufrechnung eigenes Geld verbleibt (mit dem er die Ersatzvornahme tätigen kann). Ausschlaggebend ist hierbei, daß durch die Aufrechnung gegenüber dem Vorschußanspruch der Befreiungsanspruch selbst noch nicht erlischt, so daß, ebenso wie bei Barzahlung des Vorschusses, auch nach einer solchen Aufrechnung der Befreiungsschuldner die Kosten und Gefahren einer Geldübermittlung an den Drittgläubiger zu tragen hat[81].

Es kann demnach mit einem Zahlungsanspruch gegen den Kostenvorschußanspruch, nicht aber gegen den Befreiungsanspruch selbst[82], aufgerechnet werden.

3. Die Frage der Durchsetzbarkeit bei noch nicht fälliger und noch nicht erfüllbarer (aber der Höhe nach bestimmter) Drittschuld

Die Frage, ob bzw. wie im Vollstreckungsverfahren ein Anspruch auf Befreiung von einer noch nicht fälligen Drittschuld durchgesetzt werden kann, betrifft nur die Fälle, in de-

---

81 Vgl. v. Olshausen, S. 264 ff., der sich ausführlich und überzeugend mit der Ansicht von Gerhardt, S. 76, auseinandersetzt.

82 Vgl. oben S. 52 in Fußn. 77.

nen die Drittschuld wenigstens der Höhe nach bestimmt ist[83]. Im Gegensatz zu der fälligen Drittschuld ist bei der noch nicht fälligen (aber bereits der Höhe nach bestimmten) Drittschuld eine Ersatzvornahmevollstreckung durch Erfüllung der Drittschuld nicht stets auf jeden Fall, d. h. ohne Einverständnis des Drittgläubigers, möglich; denn bei einer noch nicht fälligen Forderung kann es an der *Erfüllbarkeit* (§ 271 Abs. 2 BGB) fehlen. Nach § 271 Abs. 2 BGB darf der Schuldner im Zweifel zwar schon vor dem Fälligwerden der Forderung leisten, so daß eine noch nicht fällige Forderung regelmäßig bereits erfüllbar ist. Dann, d. h. wenn also die noch nicht fällige Drittschuld bereits erfüllbar (§ 271 Abs. 2 BGB) ist, ist das Vollstreckungsziel - die Befreiung - auch ohne Einverständnis des Drittgläubigers durch Erfüllung der Drittschuld im Wege der Ersatzvornahme durch den Befreiungsgläubiger zu erreichen, und es entstehen insofern weder mehr noch andere Vollstreckungsprobleme als bei einer fälligen Drittschuld[84].

Eine noch nicht fällige Drittschuld, d. h. Forderung des Drittgläubigers, kann aber im Einzelfall entgegen der Auslegungsregel des § 271 Abs. 2 BGB vor dem Fälligwerden unerfüllbar sein. § 271 Abs. 2 BGB ist nämlich nicht anwendbar, wenn der (Dritt-)Gläubiger durch eine vorzeitige Erfüllbar-

---

83 Bei unbestimmter Höhe der Drittschuld kann es nämlich (wegen § 253 Abs. 2 Nr. 2 ZPO) schon gar nicht zu einem Leistungsurteil und damit auch nicht zur Vollstreckung kommen, vgl. im einzelnen oben S. 77 ff.

84 Siehe dazu oben S. 135 ff. Maßgebend ist insoweit hier also nicht die Fälligkeit, sondern die Erfüllbarkeit.

keit bzw. Tilgung seiner Forderung in seinen rechtlich geschützten Interessen beeinträchtigt wird[85]. Dies ist insbes. bei verzinslichen Darlehen (vgl. § 609 Abs. 3 BGB), Grundschulden und Hypothekenforderungen[86] sowie bei Forderungen mit Versorgungscharakter[87] der Fall. Ist die noch nicht fällige Drittschuld wegen schutzwürdiger Belange des Drittgläubigers nicht (vorzeitig) erfüllbar, kann sowohl der Befreiungsschuldner als auch, als Ersatzvornahme, der Befreiungsgläubiger nur mit Einverständnis des Drittgläubigers die Drittschuld tilgen und damit das Vollstreckungsziel, den Befreiungserfolg, herbeiführen. Bei fehlender vorzeitiger Erfüllbarkeit setzt eine schuldtilgende Wirkung einer Zahlung an den Drittgläubiger eine Art Umschuldung voraus[88]. Der Befreiungsgläubiger müßte nach einer Vorabklärung mit dem Drittgläubiger dessen Einverständnis bei dem Antrag nach § 887 Abs. 1 ZPO nachweisen[89] und sich ermächtigen lassen, mit dem Drittgläubiger eine Umschuldungsvereinbarung zu treffen und ihn zu befriedigen, d. h. die "Neuschuld" zu erfüllen[90].

---

85 Vgl. z. B. Palandt-Heinrichs, § 271 Anm. 3 d.

86 Vgl. KG, JW 1935, 1641; Palandt-Heinrichs § 271 Anm. 3 d.

87 So ist beim vertraglichen Ruhegehalt nach BGH, NJW 1972, 154, eine Vorauszahlung für mehr als 6 Monate unzulässig. Weitere Beispiele bei Palandt-Heinrichs, § 271 Anm. 3 d; Rimmelspacher, S. 90 (r. Sp.).

88 Siehe Rimmelspacher, S. 91 (r. Sp.).

89 Dazu oben S. 145 f.

90 Ausf. Rimmelspacher, S. 91 f.

a) Erfüllungsübernahme, § 329 BGB

Ohne ein Einverständnis des Drittgläubigers sind bei der noch nicht erfüllbaren Drittschuld alle Maßnahmen, die den Befreiungserfolg (Tilgung der Drittschuld) bewirken können - also nicht nur Erlaßvertrag und befreiende Schuldübernahme, sondern auch Erfüllung der Drittschuld -, unmöglich. Eine Befreiung ist dann ausgeschlossen; es käme allenfalls eine Erfüllungsübernahme (§ 329 BGB) zwischen Befreiungsgläubiger und einem Vierten (Übernehmer) als ein Minus im Vergleich zur Befreiung bzw. zur befreienden Schuldübernahme in Betracht[91]. Anders als bei der befreienden Schuldübernahme (§§ 414 ff. BGB) tritt bei der Erfüllungsübernahme kein Schuldnerwechsel ein; der Befreiungsgläubiger (Schuldner der Drittforderung) wird nicht frei, sondern erhält nur einen Befreiungsanspruch gegen den Übernehmer[92]. Eine solche Erfüllungsübernahme zwischen Befreiungsgläubiger und Übernehmer setzt zwar - im Gegensatz zur befreienden Schuldübernahme (vgl. § 415 BGB) - keine Genehmigung des Drittgläubigers, wohl aber auch die Bereitschaft, das Einverständnis, eines Vierten voraus. Nur unter der Voraussetzung, daß ein Vierter zur Erfüllungsübernahme bereit ist, könnte sich der Befreiungsgläubiger nach § 887 Abs. 1 ZPO ermächti-

---

91 So Rimmelspacher, S. 184 f.

92 Z. B. Palandt-Heinrichs, § 329 Anm. 3.

gen lassen, auf Kosten des Befreiungsschuldners einen Erfüllungsübernahmevertrag mit einem Vierten abzuschließen[93].

Der Befreiungsgläubiger kann demnach bei noch nicht erfüllbarer Drittschuld trotz seines Titels das eigentliche Vollstreckungsziel, die Befreiung, (derzeit noch) nicht erreichen, wenn der Drittgläubiger (bzw. ein Vierter) den erforderlichen Befreiungsmaßnahmen nicht zustimmt.

b) Kann sich der Befreiungsgläubiger auch ermächtigen lassen, auf Kosten des Befreiungsschuldners eine Sicherheitsleistung zu erbringen?

Es fragt sich, was zu geschehen hat, wenn sich herausstellt, daß ein Einverständnis des Drittgläubigers bzw. zusätzlich oder alternativ die Bereitschaft eines Vierten zur Schuld- oder Erfüllungsübernahme nicht zu erzielen ist und deshalb sowohl Erfüllung der Drittschuld als auch Erlaßvertrag und befreiende Schuldübernahme sowie, als Minus, die Erfül-

---

93 Um eine vorherige Zweckmäßigkeitsprüfung der Erfüllungsübernahme durch das Gericht zu ermöglichen, müßte in dem Antrag nach § 887 I ZPO nicht nur die Höhe einer Gegenleistung an den Vierten bekanntgegeben, sondern auch die Person des Vierten genannnt werden, damit er, der Vierte, entsprechend § 239 I BGB als tauglich zur Erfüllungsübernahme erachtet werden kann. Entsprechend § 887 II BGB könnte vom Befreiungsschuldner ein Vorschuß für die an den Vierten zu erbringende Gegenleistung verlangt werden; vgl. Rimmelspacher, S. 185 (l. Sp.).

lungsübernahme als Ersatzvornahmehandlungen ausscheiden.

Nach einer von *Rimmelspacher* begründeten und bislang fast unbestrittenen Ansicht[94] kann dann der Befreiungsgläubiger im Vollstreckungsverfahren vom Schuldner zumindest eine Sicherheitsleistung erlangen, indem er sich nach § 887 Abs. 1 ZPO ermächtigen läßt, auf Kosten des Schuldners Sicherheit zu leisten (oder durch einen Dritten leisten zu lassen) und gemäß §§ 887 Abs. 2, 794 Abs. 1 Nr. 3, 803 ff. ZPO die dafür nötigen Mittel vorab vom Schuldner eintreibt. Damit gäbe man dem Befreiungsgläubiger vollstreckungsrechtlich eine Möglichkeit, eine Sicherheitsleistung zu erlangen, auf die er materiellrechtlich - auch nach der Ansicht *Rimmelspachers*[95] - gerade (stets) keinen Anspruch hat[96]. Im formalisierten Vollstreckungsverfahren kann bzw. darf aber nichts erlangt werden, worauf materiellrechtlich kein Anspruch besteht. Die bei *Geißler*[97] anklingende Befürchtung, daß es dem dogmatischen System widerspreche, wenn mit der Sicherheitsleistung eine nach materiellem Recht nicht bestehende "Befriedigungsvariante" in das Vollstreckungsverfahren "einge-

---

94 Rimmelspacher, S. 185 ff.; ihm folgend OLG Frankfurt, JurBüro 1978, 770. Bischof, S. 1448. Auch OLG Saarbrücken, NJW-RR 1990, 963 (964 r. Sp.) geht wohl von einer Vollstreckbarkeit (durch Sicherheitsleistung) aus.

95 Rimmelspacher, S. 185.

96 Dazu schon oben S. 103 f.

97 Geißler, S. 454 (r. Sp.). Ausdrücklich abgelehnt wird die Ansicht Rimmelspachers (o. Fußn. 94), soweit ersichtlich, nirgends.

schleust" würde, scheint durchaus berechtigt. Die Vollstreckung hat ihrer alleinigen Grundlage, der Verurteilung, zu entsprechen. Wird der Schuldner nur zur Befreiung - und nicht, wie bei einer Wahlschuld, alternativ auch zur Sicherheitsleistung - verurteilt[98], kann der Gläubiger auch nur die Befreiung vollstrecken. Ein dementsprechendes Befreiungsurteil unterscheidet sich von dem bei einer Wahlschuld dadurch, daß nur zu einer Leistung verurteilt ist und der Gläubiger insofern auch nur diese Leistung vollstrecken kann[99]. Aus dem Tenor eines solchen Befreiungsurteils geht keinerlei Verpflichtung des Schuldners zu einer Sicherheitsleistung hervor. Was der Schuldner aufgrund eines Urteils zu leisten hat, muß aber (allein) aus dem Tenor unzweideutig erkennbar sein. Der Urteilstenor ist Grundlage der Zwangsvollstreckung (§§ 724, 317 Abs. 2 S. 2 ZPO); Inhalt, Art und Umfang der Vollstreckung müssen aus ihm bestimmt oder zumindest bestimmbar hervorgehen, wobei zur Auslegung nicht auf andere tatsächliche und rechtliche Umstände als gesetzliche Vorschriften zurückgegriffen werden darf[100]. Die Vollstreckungs-

---

98 Vgl. im einzelnen oben S. 102 ff.

99 Auch wenn die Sicherheitsleistung eine Ersetzungs- und nicht nur eine vorläufige Abwendungsbefugnis wäre, könnte nur die geschuldete Primärleistung (Befreiung) vollstreckt werden; z.B. Stein-Jonas-Münzenberg, Rn. 13 vor § 803.
Außerhalb der Wahlschuld sind die §§ 262 ff. BGB zudem weder unmittelbar noch entsprechend anwendbar; z. B. Palandt-Heinrichs, § 262 Anm 3 c aa m. w. Nw.; Ziegler, S. 203.

100 Statt vieler z. B. Thomas-Putzo, Vorbem IV 1 c) aa) und IV 1 e) zu § 704.

organe haben nur die formalen Voraussetzungen der Zwangsvollstreckung zu prüfen und müssen sich ansonsten auf den Urteilstenor verlassen können. Weder aus dem Urteilstenor noch aus gesetzlichen Vorschriften ist jedoch eine Verpflichtung des Befreiungsschuldners zur Sicherheitsleistung zu entnehmen, wenn die Sicherheitsleistung lediglich zugunsten des Schuldners zur vorläufigen Abwendung der Vollstreckung vorbehalten ist[101]. Daß ein Gläubiger im Vollstreckungsverfahren nichts anderes verlangen kann als das, was ihm im Erkenntnisverfahren zugesprochen wurde, ist unbestritten.

Selbst wenn man mit *Rimmelspacher*[102] davon ausginge, daß die Sicherheitsleistung ein Minus gegenüber der Befreiung und insofern vom Befreiungstitel mitumfaßt sei, änderte dies nichts daran, daß die Vollstreckungsorgane dies weder aus dem Titel noch aus gesetzlichen Vorschriften ersehen könnten. M. E. ist es auch schon bedenklich, die Sicherheitsleistung im Vergleich zur Befreiung als Minus zu bezeichnen. Wenn man sich vergegenwärtigt, daß die Zahlung im Verhältnis zu dem auf Naturalherstellung gerichteten Befreiungsanspruch ein Aliud ist[103] und man davon ausgeht, daß eine Sicherheitsleistung bzw. Hinterlegung wiederum nur ein Minus

---

101 Siehe das Tenorierungsbeispiel oben S. 109.

102 Rimmelspacher, S. 186; ebenso OLG Frankfurt, JurBüro 1978, 770. Siehe auch RGZ 59, 10 (13), wo das Recht auf Befreiung als ein "wertvolleres" als das auf Sicherheitsleistung bezeichnet wird.

103 Im einzelnen oben S. 30 ff.

zur Zahlung ist[104], scheint es vielmehr nur konsequent, daß die Sicherheitsleistung, ebenso wie die Zahlung, gegenüber der Befreiung kein Minus, sondern qualitativ etwas anderes ist[105]. Jedenfalls bleibt festzuhalten, daß der Befreiungsgläubiger im Vollstreckungsverfahren keine Möglichkeit hat, eine Sicherheitsleistung zu erlangen, wenn keine dementsprechende Verurteilung des Schuldners vorliegt. Angesichts dessen, daß der Befreiungsgläubiger bereits mit der Gefahr einer künftigen Inanspruchnahme belastet ist und deshalb, u. a. auch um dem Risiko einer späteren Insolvenz des Befreiungsschuldners zu entgehen[106], ein Interesse daran haben wird, sofort entlastet zu werden, mag es zwar verständlich sein, daß man dann, wenn die Befreiung bzw., als Minus, eine Erfüllungsübernahme mangels Zustimmung des Drittgläubigers (bzw. eines Vierten) derzeit nicht erzwungen werden kann, nach anderen Wegen einer zwangsweisen Durchsetzung sucht und dem Befreiungsgläubiger "wenigstens" die Möglichkeit geben will, eine Sicherheitsleistung zu erlangen. Einerseits aber stets einen Anspruch und damit eine Verurteilung auf Sicherheitsleistung zu verneinen und andererseits dennoch als ultima ratio ausnahmsweise eine Vollstreckung auf Sicherheitsleistung zulassen zu wollen, ist jedoch mit dem wohl-

---

104 Vgl. RGZ 79, 275 (276), wo die Hinterlegung als das "Mindere" gegenüber einer Zahlung erkannt wird.

105 Vgl. auch Gerhardt, S. 20: "Der Anspruch auf Befreiung ist etwas anderes (und für den Gläubiger unter Umständen wertvoller) als eine Sicherheitsleistung".

106 Rimmelspacher, S. 185 (r. Sp. oben).

begründeten dogmatischen System von Erkenntnis- und Vollstreckungsverfahren, insbesondere dem Formalisierungsgrundsatz in der Zwangsvollstreckung, nicht mehr vereinbar.

Will man dem Befreiungsgläubiger eine Möglichkeit geben, als ultima ratio eine Sicherheitsleistung zu erzwingen, ist es deshalb insoweit naheliegender, ihm bereits materiellrechtlich - ausnahmsweise über den Wortlaut der §§ 257 S. 2, 738 Abs. 1 S. 3, 775 Abs. 2 BGB hinaus - dann einen Anspruch (und damit eine alternative Verurteilung) auf Sicherheitsleistung zu geben, wenn dies die einzige Möglichkeit zu seiner Sicherung ist[107]. Der Befreiungsgläubiger könnte den Anspruch auf Sicherheitsleistung dann ohne weiteres wie eine Wahlschuld (vgl. § 264 Abs. 1 BGB) vollstrecken[108]. Hinter solchen Intentionen steht die Besorgnis, daß der Befreiungsgläubiger ansonsten in jenen Fällen, in denen er einen auf Befreiung von einer noch nicht erfüllbaren Drittschuld gerichteten Titel mangels einer erforderlichen Zustimmung des Drittgläubigers (bzw. eines Vierten), (derzeit), nicht vollstrecken kann, weitgehend ungesichert und einem Konkursrisiko ausgesetzt wäre. Derartige Bestrebungen sollten deshalb nicht allein mit dem eher formalen Argument verwehrt werden, daß es sich nach dem m. E. eindeutigen Wortsinn der §§ 257 S. 2, 738 Abs. 1 S. 3, 775 Abs. 2 BGB ("kann" der Befreiungsschuldner) bei der Sicherheitsleistung um eine, zugunsten des

---

107 Vgl. Soergel-Wolf, § 257 Rn. 14.

108 Dazu auch schon oben S. 103 f.

Befreiungsschuldners, der nicht gezwungen sein soll, eine noch gar nicht fällige Verbindlichkeit vorzeitig zu erfüllen[109], eingeräumte Befugnis und nicht um einen Anspruch des Gläubigers handelt[110], und es zudem im Erkenntnisverfahren häufig noch gar nicht absehbar sein wird, ob eine Zustimmung des Drittgläubigers nicht erzielbar und eine Sicherheitsleistung insofern die einzige Möglichkeit zur Sicherung des Befreiungsgläubigers sein wird.

Es fragt sich aber, ob die Interessenlage tatsächlich gebietet, von dem Wortsinn der §§ 257 S. 2, 738 Abs. 1 S. 3, 775 Abs. 2 BGB abzuweichen und dem Befreiungsgläubiger die Möglichkeit zu geben, als ultima ratio "wenigstens" eine Sicherheitsleistung zu vollstrecken, wenn die eigentlich geschuldete Befreiung von einer noch unerfüllbaren Drittschuld derzeit nicht vollstreckt werden kann.

Der Befreiungsgläubiger ist zwar auch schon durch einen noch nicht erfüllbaren Anspruch des Drittgläubigers mit dem Risiko einer künftigen Inanspruchnahme belastet. Er hat ein Interesse daran, sofort entlastet zu werden und eine Sicherheit zu haben, um dem Risiko einer späteren Insolvenz des Befreiungsschuldners zu entgehen[111]. Ihm wird daran gelegen sein, aufgrund einer Sicherheitsleistung gewiß zu sein, daß er

---

109 Staudinger-Selb, § 257 Rn. 12

110 Auch die Protokolle zu §§ 257, 775 BGB sprechen von einem "Recht" des Schuldners zur Sicherheitsleistung (vgl. Prot. II, S. 367 oben, S. 479 a. E.) Vgl. ferner oben S. 103 f.

111 Rimmelspacher, S. 185 (r.Sp. oben).

bei Fälligwerden der Drittschuld kein eigenes Vermögen aufwenden muß, um den Drittgläubiger zu befriedigen.

Andererseits hat aber auch der Befreiungsschuldner ein berechtigtes Interesse daran, seine liquiden Mittel zu erhalten, anstatt sie bereits vor Fälligkeit und Erfüllbarkeit der Drittschuld durch Sicherheitsleistung, u. U. auf unabsehbare Zeit, binden zu müssen[112].

Angesichts dieses Interessengegensatzes erscheint es nicht *geboten*, von dem eindeutigen Wortsinn der §§ 257 S. 2, 738 Abs. 1 S. 3, 775 Abs. 2 BGB abzuweichen. Von einem eindeutigen Wortsinn einer Norm darf nur abgewichen werden, wenn der Gesetzeszweck bzw. die Interessenlage eine abweichende Auslegung nicht nur nahelegt, sondern gebietet[113]. Mag das Konkursrisiko seitens des Befreiungsgläubigers, der ja bereits einen Befreiungsanspruch und ein Leistungsurteil hat, hier auch höher zu bewerten bzw. schutzwürdiger sein als das Liquiditätsinteresse des Schuldners, so scheint es m. E. doch *nur naheliegend* und *nicht geboten*, dem Befreiungsgläubiger entgegen Wortlaut und Sinn der §§ 257 S. 2, 738 Abs. 1 S. 3, 775 Abs. 2 BGB eine, wenn auch nur als ultima ratio gedachte, Möglichkeit zur Erzwingung einer Sicherheitsleistung zu geben.

---

112 Auf das Liquiditätsinteresse des Befreiungsschuldners weisen, in anderem Zusammenhang, auch BGH NJW 1984, 2151 (2153) u. OLG Saarbrücken, FamRZ 1990, 58 hin.

113 BGHZ 2, 176 (185 u. insbes. 187); Palandt-Heinrichs, Einleitung Anm. 3 b aa, je m. w. Nw.

Aus der Interessenlage läßt sich keineswegs zwingend folgern, daß der Befreiungsgläubiger eine Sicherheitsleistung erlangen müsse, wenn die Befreiung (bzw. als Minus eine Erfüllungsübernahme) mangels Zustimmung des Drittgläubigers (bzw. eines Vierten) *derzeit* nicht möglich ist. Für den Befreiungsgläubiger ist es, nicht zuletzt auch in Anbetracht der Interessenlage des Schuldners, zumindest nicht unzumutbar, mit der Vollstreckung zu *warten*, bis die Drittschuld erfüllbar geworden ist. Mit Erfüllbarkeit der Drittschuld ist die, dann jedenfalls durch Erfüllung der Drittschuld mögliche, Befreiung durchsetzbar. Der schon fällige Befreiungsanspruch und der dementsprechende Befreiungstitel sind für den Befreiungsgläubiger insofern nicht wertlos, als er ja aufgrund des bereits erlangten Titels bei Eintritt der Erfüllbarkeit der Drittschuld dann sogleich vollstrecken kann, ohne erst noch ein zeitraubendes Erkenntnisverfahren anstrengen zu müssen. Dadurch wird das Risiko des Befreiungsgläubigers, einer Vollstreckung durch den Drittgläubiger ausgesetzt zu werden, deutlich gemindert[114]. Da der Befreiungsgläubiger somit immerhin noch erhöhte Chancen hat, ohne selbst die Drittschuld tilgen zu müssen, der Gefahr einer Vollstreckung durch den Drittgläubiger zu entgehen, läuft die, bei Befreiungsansprüchen zumindest im Zweifel anzunehmende, sofortige Fälligkeit[115] nicht leer. Der Zweck des Befreiungsan-

114 Vgl. auch oben S. 61 f.

115 Dazu oben S. 57 ff.

spruches, einen drohenden Verlust im Aktivvermögen des Befreiungsgläubigers abzuwenden, bleibt noch erreichbar. Zudem ist der Titel auch im Hinblick auf die nicht von vornherein auszuschließende Möglichkeit nach §§ 893 ZPO, 283 BGB auf vereinfachtem Wege zu Schadensersatz zu gelangen[116], nicht bloß ein "(einstweilen) wertloses Stück Papier"[117]. Davon abgesehen kann von einer Verurteilung auch nicht begriffsnotwendig die Vollstreckbarkeit gefolgert werden. Das ergibt sich bereits aus der Ausnahme in § 888 Abs. 2 ZPO. Darüber hinaus findet eine jede Zwangsvollstreckung ihre Grenze, wenn die Leistungserbringung tatsächlich (derzeit) nicht (mehr) möglich ist. Daß der Befreiungsgläubiger, als ultima ratio, berechtigt sein soll, Sicherheitsleistung durch den Schuldner zu verlangen, stellt demnach m. E. keinen zulässigen Weg einer zwangsweisen Durchsetzung des Befreiungsanspruches dar.

Im **Ergebnis** ist insoweit festzuhalten, daß ein Befreiungstitel, der auf Befreiung von einer noch nicht erfüllbaren Drittschuld gerichtet ist, *derzeit* nicht vollstreckbar ist, wenn sich herausstellt, daß ein Einverständnis des Drittgläubigers

---

116 Wobei ein Schadensersatzanspruch nach § 283 I 3 BGB allerdings ausgeschlossen ist, wenn die Erfüllung aufgrund eines vom Schuldner nicht zu vertretenden Umstandes unmöglich wird. Vgl. zu § 283 BGB BGH NJW 1971, 2065.

117 So aber OLG Frankfurt, JurBüro 1978, 770; Rimmelspacher, S. 186. - Vgl. andererseits aber auch RGZ 31, 412 (416); OLG Düsseldorf, MDR 1980, 410, wo eine Vollstreckung für unmöglich gehalten und der Gläubiger auf eine Schadensersatzklage (vgl. § 893 ZPO) verwiesen wird.

bzw. zusätzlich oder alternativ die Bereitschaft eines Vierten zur Schuld- oder Erfüllungsübernahme nicht zu erzielen ist und deshalb sowohl Erfüllung der Drittschuld als auch Erlaßvertrag und befreiende Schuldübernahme (sowie als Minus die Erfüllungsübernahme) als Ersatzvornahmehandlungen ausscheiden.

Der Befreiungsgläubiger muß dann die Erfüllbarkeit abwarten und kann derzeit allenfalls nur einen Schadensersatzanspruch (§§ 893 ZPO, 283 BGB) wegen Nichterfüllung des titulierten Anspruches gegen den Schuldner geltend machen.

Weder das materielle Recht noch das Vollstreckungsrecht gestattet es dem Befreiungsgläubiger als "ultima ratio" eine Sicherheitsleistung vom Befreiungsschuldner zu erzwingen.

Ein Leistungsurteil auf Befreiung ist damit nicht in jedem Fall *sofort* vollstreckbar.

c) Die Abwendungsbefugnis des Befreiungsschuldners durch Sicherheitsleistung im Vollstreckungsverfahren

Der Befreiungsschuldner kann seinerseits bei mangelnder Fälligkeit der Drittschuld (analog §§ 257 Satz 2, 738 Abs. 1 Satz 3, 775 Abs. 2 BGB in allen Fällen von Befreiungsansprüchen) einer Vollstreckung des Befreiungsanspruches durch eine Sicherheitsleistung nach §§ 232 ff. BGB begegnen; dies auch dann, wenn ihm eine solche Befugnis im Urteil nicht vorbehalten wurde[118]. Solange die Vollstreckung bzw. die Befreiung durch Tilgung der Drittschuld noch nicht vollendet ist, hat der Befreiungsschuldner noch in jedem Stadium der Zwangsvollstreckung die Befugnis, Sicherheit zu leisten, soweit die Drittschuld noch nicht fällig ist[119].

Ist die (materielle) vorläufige Abwendungsbefugnis nicht im Urteilstenor enthalten, kann der Schuldner zwar nicht entsprechend § 775 Nr. 4 ZPO, aber doch zumindest im Wege der Vollstreckungsgegenklage nach § 767 ZPO einstweilen die Einstellung der Vollstreckung erreichen[120]. Unter § 767 ZPO fallen auch solche materiellen Einwendungen, die den titulierten Anspruch nur vorläufig, zeitweilig entkräften[121].

Darüber hinaus kann ein Befreiungsschuldner, der die Sicherheit noch *vor* Erlaß der Beschlüsse gem. § 887 ZPO leistet, dies dann auch noch in dem Verfahren nach §§ 887, 891 ZPO geltend machen und insofern die Vollstreckung (vorläufig bis zur Fälligkeit der Drittschuld) abwenden[122]; denn materiellrechtliche (Erfüllungs-)Einwände des Vollstreckungsschuld-

---

118 OLG Frankfurt, JurBüro 1978, 770 f.; Stein-Jonas, § 887 Rn. 18; Staudinger-Horn, § 775 Rn. 12; Bischof, S. 1450 (XIII.2.).

119 Siehe dazu RG JW 1898, 201; Rimmelspacher, S. 92.

120 Vgl. insbes. Gerhard, S. 28; ebenso OLG Frankfurt, JurBüro 1978, 770 (771); Rimmelspacher, S. 93; Bischof S. 1450; ferner schon oben S. 116.

121 Stein-Jonas-Münzenberg, § 767 Rn. 16.

122 Vgl. OLG Frankfurt, JurBüro 1978, 770 (771); Stein-Jonas-Münzenberg, § 887 Rn. 18; Gerhardt, S. 26; Rimmelspacher, S. 90; Bischof, S. 1450 (XIII.2.).

ners sind auch bereits im Verfahren nach §§ 887, 891 ZPO (uneingeschränkt) zuzulassen[123]. Die Vollstreckungsgegenklage gem. § 767 ZPO steht dem Schuldner als Alternative zu. Die Gegenansicht[124], nach der sämtliche materiellrechtlichen Einwendungen auch schon vor Abschluß des Verfahrens nach § 887 ausschließlich mit der Vollstreckungsgegenklage geltend gemacht werden können, vermag - abgesehen davon, daß § 887 Abs. 1 ZPO schon seinem Wortlaut nach voraussetzt, daß der Schuldner seine Verpflichtung nicht "erfüllt" hat - insbes. unter Gesichtspunkten der Prozeßökonomie nicht zu überzeugen[125].

Leistet der Befreiungsschuldner die Sicherheit erst *nach* Abschluß des Verfahrens des § 887 ZPO, kommt es darauf an, ob sich der Schuldner seine Befugnis zur Sicherheitsleistung wenigstens in dem Kostenvorauszahlungstitel des § 887 Abs. 2 ZPO hat vorbehalten lassen[126].

Wenn nicht, bleibt dem Befreiungsschuldner von vornherein nur die Vollstreckungsgegenklage gemäß § 767 ZPO.

---

123 Vgl. OLG Frankfurt, MDR 1973, 323; OLG München, MDR 1978, 1029; Zöller-Stöber, § 887 Rn. 7; Baumbach-Hartmann, § 887 Anm. 2 A; Gerhardt, S. 25/26; Rimmelspacher, S. 90, 93 und ausf. insbes. Bischoff, NJW 1988, 1957 f.

124 Z. B. OLG Hamm, MDR 1983, 850; 1984, 591; OLG Bamberg, Rpfleger 1983, 79; OLG Zweibrücken, MDR 1986, 1034; OLG Köln, Rpfleger 1986, 309 (310); LG Köln, NJW 1986, 1180; Thomas-Putzo, § 887 Anm. 2 c und 4 c.

125 Vgl. dazu Bischoff, NJW 1988, 1957 (1958).

126 Wenn die Befugnis im Urteil nicht enthalten ist, kann sie auch noch im Verfahren nach § 887 ZPO beantragt werden; siehe Rimmelspacher, S. 90, 93; Bischof, S. 1450 (XIII.2.).

Ist hingegen die vorläufige Befugnis zur Sicherheitsleistung in dem Vorauszahlungsbeschluß (§ 887 II ZPO) vorbehalten, ist es dem Gerichtsvollzieher, der die Kostenvorauszahlung betreibt, möglich, aus dem Titel zu entnehmen, ob bzw. daß eine Sicherheitsleistung die Vollstreckung abwenden kann, so daß der Befreiungsschuldner, ohne daß er eine Vollstreckungsgegenklage erheben müßte, soweit der Gläubiger den Kostenvorschuß noch nicht erlangt hat, nach § 775 Nr. 4 ZPO die (einstweilige) Einstellung der Zwangsvollstreckung erreichen kann, wenn er die Sicherheitsleistung durch Vorlage einer öffentlichen Urkunde nachweist[127].

Die Sicherheitsleistung des Schuldners bewirkt, daß die Fortsetzung der Zwangsvollstreckung erst mit Fälligwerden der Drittschuld wieder zulässig wird[128]. Ist der Fälligkeitszeitpunkt der Drittschuld aus dem Titel nicht ersichtlich, etwa weil er von einer Kündigung des Drittgläubigers abhängt, ist die Vollstreckung solange abgewendet, bis der Gläubiger den Eintritt der Fälligkeit der Drittschuld bzw. die zur Fälligkeit führenden Tatsachen durch öffentliche oder öffentlich beglaubigte Urkunden nachweist[129].

---

127 Siehe OLG Frankfurt, JurBüro 1978, 770 (771); Gerhardt, S. 28; Rimmelspacher, S. 93; Bischof, S. 1450. - Die Sicherheitsleistung führt zwar nicht dazu, daß der Gläubiger "befriedigt" (§ 775 Nr. 4 ZPO) ist, sie ist aber eine materielle (und keine prozessuale) Befugnis, so daß nicht Nr. 3, sondern Nr. 4 des § 775 I ZPO entsprechend gilt; vgl. Gerhardt, S. 28 in Fußn. 83.

128 Gerhardt, S. 29/30.

129 Vgl., ausführlich hierzu, Gerhardt, S. 29 ff. und dort insbes. S. 31 (2.Abs.).

Hat der Befreiungsgläubiger den Kostenvorschuß vom Schuldner schon erlangt, kommt eine Einstellung der Vollstreckung nach § 775 Nr. 4 ZPO begrifflich und sachlich nicht mehr in Betracht. Dem Befreiungsschuldner, der die Sicherheit erst leistet, nachdem er den Kostenvorschuß bereits gezahlt bzw. der Gläubiger den Vorschuß schon erhalten hat (aber noch vor Tilgung der Drittschuld durch den Befreiungsgläubiger), bleibt dann die Möglichkeit den Einwand der geleisteten Sicherheit mit der Vollstreckungsabwehrklage gem. § 767 ZPO, ggfs. in Verbindung mit einem Antrag auf einstweilige Anordnung nach § 769 ZPO, geltend zu machen und einen bereits erbrachten Kostenvorschuß vom Gläubiger unter dem Gesichtspunkt der ungerechtfertigten Bereicherung zurückzufordern[130].

Darüber hinaus will *Rimmelspacher*[131] einem Befreiungsschuldner, der bereits einen Kostenvorschuß an den Gläubiger gezahlt hat und dann danach die Sicherheit durch Hinterlegung von Geld[132] bewirken will, gestatten, vom Befreiungsgläubiger zu "verlangen", daß dieser den ihm in Form des Kostenvorschusses zugegangenen Geldbetrag hinterlegt, d. h. (auf Kosten und Gefahr des Befreiungsschuldners) an die Hinterlegungsstelle übermittelt. Dadurch bliebe es dem Befrei-

---

130 Vgl. OLG Frankfurt, JurBüro 1978, 770 (771), Rimmelspacher, S. 92 (r. Sp.) f.

131 Rimmelspacher, S. 92 (r. Sp.).

132 Vgl. § 232 I BGB. Die Hinterlegung erfolgt nach Maßgabe der Hinterlegungsordnung. Gemäß § 1 der Hinterlegungsordnung kommen die Amtsgerichte als Hinterlegungsstelle in Betracht.

ungsschuldner erspart, den Kostenvorschuß vom Befreiungsgläubiger nach Bereicherungsrecht - ggfs. im Klage-wege - zurückzufordern und die Hinterlegung selbst vorzunehmen. So gesehen scheint dies interessengerecht und verfahrenswirtschaftlich. Trotzdem wird man dem Befreiungsschuldner kein durchsetzbares, kein erzwingbares, Recht zubilligen können, von dem Gläubiger zu "verlangen"[133], den diesem nach § 887 Abs. 2 ZPO als Kostenvorschuß zum Zwecke der Ersatzvornahme zur Verfügung gestellten Geldbetrag nunmehr - im Interesse des Befreiungsschuldners - an die Hinterlegungsstelle zu übermitteln und dadurch im Ergebnis quasi die dem Schuldner zustehende Befugnis zur Sicherheitsleistung zu seinem, des Gläubigers, Nachteil auszuüben. Denn für einen durchsetzbaren Anspruch auf Übermittlung an die Hinterlegungsstelle findet sich im Gesetz keine Stütze. Es fehlt nicht nur an einer entsprechenden Anspruchsgrundlage für den Befreiungsschuldner bzw. an einer dementsprechenden gesetzlichen Verpflichtung des Befreiungsgläubigers, sondern das Gesetz geht im Gegenteil in den §§ 257 Satz 2, 738 Abs. 1 Satz 3, 775 Abs. 2 BGB (sowie in den §§ 232 ff. BGB) selbstverständlich davon aus, daß der Schuldner die Sicherheitsleistung tatsächlich erbringen muß. Zudem ist zu bedenken, daß es vom Schuldner selbst "verschuldet" ist, wenn er einen Kostenvorschuß vom Gläubiger nach Bereicherungsrecht zurückfordern muß: Anstatt erst einen Kostenvorschuß an den

---

133 Rimmelspacher, S. 92 (r. Sp.).

Gläubiger zu zahlen, hat es der Befreiungsschuldner nämlich in der Hand, sich die Befugnis zur Sicherheitsleistung in dem Beschluß nach § 887 Abs. 2 ZPO vorbehalten zu lassen und - richtigerweise - gleich selbst die Sicherheitsleistung durch Hinterlegung von Geld zu bewirken und sich somit erst gar nicht in die Lage zu bringen, einen Kostenvorschuß vom Gläubiger zurückzuverlangen zu müssen. Angesichts dessen ist es dem Befreiungsgläubiger nicht zuzumuten, einen ihm als Kostenvorschuß geleisteten Geldbetrag auf Verlangen des Schuldners zu hinterlegen und dadurch für den Schuldner dessen zur Abwendung der Vollstreckung gewollte Sicherheitsleistung zu bewirken. Auch wenn der Schuldner die Kosten und die Gefahr der Übermittlung des Geldbetrages an die Hinterlegungsstelle zu tragen hätte[134], entfielen immer noch die Mühen der Übermittlung ungerechtfertigterweise auf den Befreiungsgläubiger.

Insoweit bleibt im Ergebnis festzuhalten, daß der Befreiungsschuldner den Befreiungsgläubiger nicht dazu zwingen kann, durch Hinterlegung des als Kostenvorschuß erbrachten Geldbetrages die Sicherheit zu leisten[135].

---

134 So Rimmelspacher, S. 92.

135 a. A. Rimmelspacher, S. 92 (r. Sp.).

D. Zusammenfassung der Hauptergebnisse

Befreiungsansprüche können auf den unterschiedlichsten Schuldverhältnissen beruhen und werden nur durch den Inhalt der Leistung - die Befreiung von einer Verbindlichkeit - zu einem Begriff erhoben.

Die Befreiung von einer Verbindlichkeit ist deshalb lediglich eine besondere Inhaltsausgestaltung eines jeweiligen, sich aus dem zugrundeliegenden Schuldverhältnis ergebenden Anspruches, d. h. m. a. W., daß sowohl der Anspruch auf Befreiung - egal auf welchem Schuldverhältnis er beruht - wie auch der Zahlungsanspruch nur verschiedene Ausprägung ein und desselben Anspruches sind.

Dies vermag aber nichts daran zu ändern, daß hinsichtlich des Leistungsinhaltes der Befreiungsanspruch als Naturalherstellungsanspruch ein *Aliud* im Vergleich zum Zahlungsanspruch ist. Die Abwälzung des Übermittlungsrisikos (§ 270 I BGB) auf den Befreiungssschuldner, der Herstellung des Zustandes schuldet, der ohne Belastung des Befreiungsgläubigers mit einer Verbindlichkeit bestünde, ist der entscheidende Unterschied zwischen Befreiungs- und Zahlungsanspruch. Zum Wesen der Befreiung gehört nicht nur die Tilgung begründeter Verbindlichkeiten, sondern auch bereits die Abwehr unbegründeter Ansprüche.

Ob der Anspruchsinhalt auf Befreiung oder Zahlung geht, hängt vom Stadium der Entwicklung der Vermögensbeeinträchtigung ab: solange die auszugleichende Vermögenseinbuße noch in der Belastung mit einer Verbindlichkeit besteht (Passivschaden), der Befreiungsgläubiger also seine Verbindlichkeit (noch) nicht selbst getilgt hat, richtet sich der Leistungsinhalt des Anspruches regelmäßig auf Befreiung.

Der Befreiungsgläubiger kann vom Befreiungsschuldner in der Regel "nur" allgemein Befreiung, nicht aber Zahlung, d. h. den zur Tilgung seiner Verbindlichkeit erforderlichen Geldbetrag, an sich oder an den Drittgläubiger verlangen.

Dem Befreiungsschuldner bleibt es überlassen, auf welche Weise er den Befreiungsgläubiger von dessen Verbindlichkeit gegenüber dem Drittgläubiger befreien will. Außer durch Leistung an den Drittgläubiger, die gemäß §§ 267, 362 I BGB dessen Forderung tilgt, kommt z. B. eine befreiende Schuldübernahme oder ein Erlaßvertrag in Betracht.

Andererseits kann auch der Befreiungsschuldner die Befreiung nicht einfach dadurch herbeiführen, daß er den zur Tilgung der Verbindlichkeit erforderlichen Geldbetrag an den Befreiungsgläubiger zahlt. Ausnahmen in Inhalt und Herbeiführen der Befreiung können sich im Einzelfall aus Besonderheiten des jeweiligen, zugrundeliegenden Rechtsverhältnisses ergeben.

Ein Befreiungsanspruch geht grundsätzlich, d. h. soweit keine ausdrückliche anders lautende vertragliche oder gesetzliche Regelung besteht, erst mit Tilgung der Verbindlichkeit durch den Befreiungsgläubiger in einen Gelderstattungsanspruch in dessen Person "über". Der Befreiungsgläubiger ist nicht jederzeit und sofort zur eigenen Tilgung berechtigt, da dem Befreiungsschuldner damit von vornherein die Möglichkeit abgeschnitten würde, die eigentlich geschuldete Befreiung, die auch anders als durch Zahlung bewirkbar ist, herbeizuführen.

Ist die gegen den Befreiungsgläubiger erhobene Forderung begründet, so entsteht ein Gelderstattungsanspruch durch eigene Erfüllung des Befreiungsgläubigers grundsätzlich nur dann, wenn der Befreiungsschuldner zuvor in angemessener Zeit Gelegenheit hatte, die Forderung abzuwehren.

Ist die Forderung unbegründet, muß dem hier nur zur Abwehr verpflichteten Befreiungsschuldner erst recht ausreichend Gelegenheit gegeben werden, seiner Abwehrpflicht nachzukommen, bevor der Befreiungsgläubiger berechtigt ist, die angebliche Forderung des Drittgläubigers zu befriedigen und nunmehr den dazu aufgewandten Geldbetrag als Schadensersatz wegen Nichterfüllung der Abwehrpflicht vom Befreiungsschuldner zu verlangen.

Die Regelungen in den §§ 257 S. 2, 738 I 3, 775 II BGB können zwar, soweit sie stets die *sofortige Fälligkeit* des Befreiungsanspruches bei fehlender Fälligkeit der Drittschuld vorsehen, nicht analog auf andere, weder gesetzliche noch vertragliche Befreiungsansprüche angewandt werden. Diese anderen Befreiungsansprüche sind aber im Rahmen des § 271 I BGB im Zweifel sofort fällig.

Die §§ 257 S. 2, 738 I 3, 775 II BGB sind insoweit auf andere Befreiungsansprüche analog anwendbar, als sie die vorläufige Befugnis des Befreiungsschuldners zur *Sicherheitsleistung* für den Fall vorsehen, daß der Befreiungsanspruch, trotz erst künftig fällig werdender Drittschuld, sofort fällig ist.

Klageantrag und Verurteilung haben beim Befreiungsanspruch allgemein auf Befreiung von einer Verbindlichkeit zu lauten, wobei genau angegeben werden muß, gegenüber wem, aus welchem Grund und insbes. in welcher Höhe die (Geld-) Verbindlichkeit besteht. Die Geldverbindlichkeit, von der befreit werden soll, ist grundsätzlich zu beziffern.

Ein Leistungsantrag, der auf Befreiung von einer der Höhe nach noch unbestimmten bzw. unbezifferten Verbindlichkeit gerichtet ist, ist im Sinne von § 253 II Nr. 2 ZPO unbestimmt und damit unzulässig. Nur dann, wenn die Verbindlichkeit entscheidend von richterlichem Ermessen, wie insbes. beim Schmerzensgeld, oder einer richterlichen Schätzung nach § 287 ZPO abhängt, genügt ausnahmsweise - anstelle einer exakten Bezifferung - die Angabe einer ungefähren Größenordnung. Der Befreiungsgläubiger kann seinen Befreiungsanspruch auch dann im Wege der Leistungsklage verfolgen, wenn die Verbindlichkeit, von der er befreit werden soll, noch nicht fällig ist, vorausgesetzt aber, daß die Verbindlichkeit wenigstens der Höhe nach bestimmt ist. Das Rechtsschutzinteresse liegt vor, solange die ernsthafte Möglichkeit einer künftigen Inanspruchnahme des Befreiungsgläubigers nicht ausgeschlossen werden kann.

Die Befugnis des Befreiungsschuldners zur Sicherheitsleistung - die ihm analog §§ 257 S. 2, 738 I 3, 775 II BGB in allen Fällen, in denen die Drittschuld noch nicht fällig ist, zusteht - ist eine vorläufige Abwendungsbefugnis. Die Sicherheitsleistung bewirkt, daß die Durchsetzung des Befreiungsanspruches vorläufig, bis zum Fälligwerden der Drittschuld, abgewendet ist. Der vorläufigen Abwendungsbefugnis des Befreiungsschuldners - die ihm bis zum Fälligwerden der Drittschuld zusteht - wird etwa folgender Klageantrag gerecht:

Es wird beantragt, den Beklagten zu verurteilen, den Kläger von dessen Verbindlichkeit gegenüber ... aus (vom ...) zu befreien vorbehaltlich der Befugnis des Beklagten, bis zur Fälligkeit der Verbindlichkeit (am ...) die Durchsetzung des Befreiungsanspruches durch Sicherheitsleistung in Höhe von ... abzuwenden.

- Trägt der Kläger der vorläufigen Abwendungsbefugnis des Befreiungsschuldners nicht von sich aus Rechnung und stellt keinen vorbehaltlichen Klageantrag, dann muß der beklagte Befreiungsschuldner seine vorläufige Abwendungsbefugnis ausdrücklich oder konkludent - was insbes. durch Vortrag tatsächlicher Sicherheitsleistung möglich ist - geltend machen, damit sie in der Urteilsformel vorbehalten wird.

Die (materielle) vorläufige Abwendungsbefugnis des Befreiungsschuldners ist nicht von Amts wegen im Tenor vorzubehalten.

- Die Geltendmachung der vorläufigen Abwendungsbefugnis des Befreiungsschuldners gegenüber einer vorbehaltlosen Befreiungsklage führt dazu, daß keine vorbehaltlose Verurteilung, sondern nur ein Urteil mit einem Vorbehalt ergeht, aus dem ersichtlich ist, daß die Durchsetzung des Befreiungsanspruches bis zur Fälligkeit der Drittschuld durch Sicherheitsleistung abgewendet ist oder noch abgewendet werden kann. Um das Risiko von Kostennachteilen im Falle einer Anwendung des § 92 ZPO zu vermeiden, empfiehlt es sich für den Befreiungsgläubiger, die vorläufige Befugnis des Befreiungsschuldners mit in den Klageantrag aufzunehmen.

Ist die vorläufige Befugnis zur Sicherheitsleistung nicht im Urteil enthalten - weil der Befreiungsgläubiger sie nicht in den Klageantrag aufgenommen und der Befreiungsschuldner sich nicht auf jene Befugnis berufen hat -, behält der Befreiungsschuldner trotzdem, auch in jedem Stadium der Zwangsvollstreckung, die Befugnis, Sicherheit statt Befreiung zu leisten, solange die Drittschuld noch nicht fällig ist.

Nach Fälligwerden der Drittschuld kann der Befreiungsgläubiger wieder Befreiung verlangen, und der Befreiungsschuldner verliert die Befugnis zur Sicherheitsleistung.

Wegen § 308 I ZPO kann weder Befreiung statt Zahlung noch Zahlung statt Befreiung zugesprochen werden, wenn der

Kläger einen unzutreffenden Antrag stellt. Der Übergang von einer irrtümlich erhobenen Zahlungsklage zu einer Befreiungsklage ist eine Klageänderung, die nach § 263 ZPO bei Einwilligung des Beklagten oder bei Sachdienlichkeit zulässig ist.

Ein Befreiungsurteil ist ausschließlich im Verfahren nach § 887 ZPO zu vollstrecken.

Sofern die Drittschuld bereits erfüllungsfähig ist, ist es dem Befreiungsgläubiger jederzeit möglich, das Vollstreckungsziel - die Befreiung - im Wege der Ersatzvornahme durch Erfüllung der Drittschuld zu erreichen, wobei der Gläubiger die dafür nötigen Mittel vorab mit einem Kostenvorauszahlungsbeschluß gem. § 887 II ZPO vom Schuldner eintreiben kann.

Der Gläubiger muß den Ersatzvornahmeantrag, § 887 I ZPO, auf eine bestimmte Befreiungsmaßnahme - also entweder Erfüllung der Drittschuld oder Erlaßvertrag oder befreiende Schuldübernahme - konkretisieren. Zudem muß der Gläubiger bei Ersatzvornahmeanträgen auf Herbeiführung eines Erlaßvertrages die Zustimmung des Drittgläubigers und bei Anträgen auf Herbeiführung zur Schuldübernahme zusätzlich die Bereitschaft eines Vierten nachweisen.

Bei einer noch nicht erfüllbaren Drittschuld kann der Befreiungsgläubiger trotz seines Titels das eigentliche Vollstreckungsziel, die Befreiung, *derzeit* noch nicht erreichen, wenn der Drittgläubiger (bzw. ein Vierter) den erforderlichen

Befreiungsmaßnahmen nicht zustimmt. In dieser Situation muß der Befreiungsgläubiger die Erfüllbarkeit der Drittschuld abwarten, um vollstrecken zu können. Er kann sich nicht ermächtigen lassen, eine Sicherheitsleistung auf Kosten des Befreiungsschuldners zu erbringen.

Der Befreiungsschuldner kann seinerseits bei mangelnder Fälligkeit der Drittschuld durch Sicherheitsleistung gemäß §§ 232 ff. BGB einer Vollstreckung begegnen. Leistet er die Sicherheit noch vor Erlaß der Beschlüsse gemäß § 887 ZPO, so kann er dies dann auch noch in dem Verfahren nach §§ 887, 891 ZPO geltend machen und die Vollstreckung insofern vorläufig bis zum Fälligwerden der Drittschuld abwenden.

Leistet er erst nach Abschluß des Verfahrens des § 887 ZPO, kommt es darauf an, ob er sich seine Befugnis zur Sicherheitsleistung wenigstens in dem Kostenvorauszahlungstitel hat vorbehalten lassen. Wenn nicht, bleibt nur die Vollstreckungsgegenklage gemäß § 767 ZPO. Wenn ja, kann er, soweit der Gläubiger den Kostenvorschuß noch nicht erlangt hat, nach § 775 Nr. 4 ZPO die einstweilige Einstellung der Zwangsvollstreckung erreichen.

Soweit der Gläubiger den Kostenvorschuß bereits erlangt hat, bleibt dem Befreiungsschuldner dann die Möglichkeit, den Einwand der geleisteten Sicherheit mit der Vollstreckungsabwehrklage gemäß § 767 ZPO geltend zu machen und einen bereits erbrachten Vorschuß vom Gläubiger unter dem Gesichtspunkt der ungerechtfertigten Bereicherung zurückzufordern. Der Befreiungsschuldner kann den Befreiungsgläubiger hingegen nicht dazu zwingen, durch Hinterlegung des als Kostenvorschuß erbrachten Geldbetrages die Sicherheit zu leisten.

Literaturverzeichnis

Bauer, Günter: Die Rechtsprechung zu den Allgemeinen Bedingungen für die Rechtsschutzversicherung (ARB) im Jahre 1989, NJW 1989, 2040 ff.

Baumbach: Baumbach-Lauterbach-Albers-Hartmann, Zivilprozeßordnung, 48. Aufl., München 1990; zitiert: Baumbach-Bearbeiter.

Baur-Stürner: Zwangsvollstreckungs-, Konkurs- und Vergleichsrecht, 11. Aufl., Heidelberg 1983.

Bischof, Hans Helmut: Der Freistellungsanspruch, ZIP 1984, 1444 ff.

Bischoff, Georg: Der Erfüllungseinwand in der Zwangsvollstreckung gem. §§ 887 - 890 ZPO, NJW 1988, 1957 f.

Blomeyer, Arwed: Zivilprozessrecht, Erkenntnisverfahren, Berlin 1963.

Dunz, Walter: Der unbezifferte Leistungsantrag nach der heutigen Rechtsprechung des Bundesgerichtshofs, NJW 1984, 1734 ff.

Flechtheim: Das Absonderungsrecht des "Dritten" im Konkurse des Haftpflichtversicherungsnehmers; LZ 1908, 801 ff.

Furtner, Georg: Das Urteil im Zivilprozeß, 5. Aufl., München 1985.

Gaul, H.F.: Zur Frage nach dem Zweck des Zivilprozesses, AcP 168, 27 ff.

Geißler, Markus: Der Befreiungsanspruch des Bürgen und seine vollstreckungsrechtliche Durchsetzung, JuS 1988, 452 ff.

Gerhardt, Walter: Der Befreiungsanspruch, Göttingen 1966.

Gernsheim, Eugen: Die Ersetzungsbefugnis (facultas alternativa) im deutschen bürgerlichen Recht, Heft 32 der Rechts- und Staatswissenschaftlichen Studien von E. Ebering, Berlin 1906.

Gerstenberg, Eike Markus: Der unbezifferte Klageantrag und der Dornröschenschlaf des § 92 II ZPO, NJW 1988, 1352 ff.

Güntner, Ernst: Der Anspruch auf Befreiung von einer Verbindlichkeit, Kiel 1967 (Diss.).

Grunsky, Wolfgang: Die Prozeßführungsbefugnis des Beklagten, ZZP 76 (1963), 49 ff.

Gursky, Karl-Heinz: Befreiungsansprüche im Konkurs des Befreiungsgläubigers, KTS 1973, 27 ff.

Harbauer, Walter: Rechtsschutzversicherung, ARB-Kommentar, 4. Aufl. München 1990.

Henckel, Wolfram: Prozeßrecht und materielles Recht, Göttingen 1970.

Husmann, Johannes Hermann: Der unbezifferte Klageantrag als Abwehrrecht gegen unbillige Kostenlast und die Kostenvorschrift des § 92 II ZPO, NJW 1989, 3126 ff.

Johannsen: Anmerkung zur Entscheidung des BGH vom 9. 6. 1957 (BGHZ 25, 1 ff.), LM § 387 BGB Nr. 25.

Keller, R.: Anmerkung zur Entscheidung des BGH vom 11.4.1984 (BGHZ 91, 73 ff. = JR 1985, 60 ff.), JR 1985, 64 f.

Koeble, Wolfgang, in: Beck'sches Prozeßformularbuch, 5. Aufl., München 1989.

Kretschmer, Ernst: Kann sich der Befreiungsanspruch des Bürgen in einen Zahlungsanspruch verwandeln? NJW 1962, 141 f.

Lange, Heinrich: Anmerkung zur Entscheidung des BGH vom 22. 10. 1957, NJW 1958, 497 f.

Lehmann, Werner: Zur Frage der Gleichartigkeit von Aufrechnungsforderungen, JR 1933, 130 f.

Möller, Hans: Die Überwindung der Haftpflichtversicherung, JW 1934, 1076 ff.

Münchkomm: Münchener Kommentar zum BGB, Bd. 2, 1985, Bd. 3 Halbbd. 2, 1986, 2. Aufl., München; zitiert: Münchkomm-Bearbeiter.

Motive: Motive zu dem Entwurf eines Bürgerlichen Gesetzbuches für das Deutsche Reich, Band II., Recht der Schuldverhältnisse, Berlin und Leipzig 1888.

Noack, Wilhelm: Die Zwangsvollstreckung zur Erzwingung von vertretbaren Handlungen gemäß § 887 ZPO, Kommunalkassenzeitschrift (KKZ), 1983, 9 ff.

Oertmann, Paul: Anmerkung zur Entscheidung des RG v. 12. 1. 1934 (RGZ 143, 192 ff. = JW 1934, 685); JW 1934, 685.

v. Olshausen, Eberhard: Zur Aufrechnung gemäß § 406 BGB gegen Geldschuldbefreiungsansprüche nach deren Abtretung an den Drittgläubiger, AcP 182, 254 ff.

Palandt: Bürgerliches Gesetzbuch, Kurz-Kommentar, 50. Aufl., München 1990; zitiert: Palandt-Bearbeiter.

Pawlowski, H.M.: Die Problematik des unbezifferten Klageantrages, NJW 1961, 341 ff.

Prediger, Bernhard: Der Vorabausgleichungsanspruch gemäß § 426 Abs. 1 Satz 1 BGB - ein Befreiungsanspruch?, NJW 1970, 125 ff.

Protokolle: Protokolle der Kommission für die zweite Lesung des Entwurfs des Bürgerlichen Gesetzbuches; Band II, Recht der Schuldverhältnisse, Abschnitt II-IV, Berlin 1898.

Reiche, Klaus D.: Fristlose Kündbarkeit des Deckungsverhältnisses beim Gefälligkeitsakzept wegen Vermögensverschlechterung des Ausstellers; WM 1988, 853 ff.

Reinhardt, Rüdiger: Anmerkung zur Entscheidung des BGH vom 24. 6. 1970 (BGH NJW 1970, 1594 f.), NJW 1970, 2288 f.

Rimmelspacher, Bruno: Die Durchsetzung von Befreiungsansprüchen, JR 1976, 89 ff., 183 ff.

Röhl, Klaus F.: Der unbezifferte Klageantrag, ZZP 85 (1972), 52 ff.

Rosenberg-Schwab: Zivilprozeßrecht, 14. Aufl., München 1986.

Scheuerle, Wilhelm: Anmerkung zur Entscheidung des BGH vom 9. 6. 1957 (BGHZ 25, 1 ff.), JZ 1958, 26 ff.

Schneider, Egon: Probleme der Handlungsvollstreckung nach § 887 ZPO MDR 1975, 279 ff.

Schubert, Werner: Zur Bestimmtheit des Urteilstenors bei Unterlassungsklagen; JR 1972, 177 ff.

Schulte, R.: Zwangsvollstreckung aus Befreiungstiteln, NJW 1960, 902.

Soergel: Bürgerliches Gesetzbuch, Kommentar, Bd. 1, 1987, Bd. 2, 1990, 12. Aufl., zitiert: Soergel-Bearbeiter.

Staudinger: Kommentar zum BGB, 12. Aufl., Berlin 1979 ff.; zitiert: Staudinger-Bearbeiter.

Stein-Jonas: Kommentar zur Zivilprozeßordnung, Bd. 4, Teilbd. 2, 20. Aufl., Tübingen 1988; zitiert: Stein-Jonas-Bearbeiter.

Thomas-Putzo: Zivilprozeßordnung, 17. Aufl., München 1991.

v. Thur, Andreas: Actio de in rem verso, Freiburg und Leipzig 1895.

Trinkl, Kolomann: Befreiungsanspruch und Aufrechnung, NJW 1968, 1077 ff.

Ziegler, Karl Heinz: Die Wertlosigkeit der allgemeinen Regeln des BGB über die sog. Wahlschuld (§§ 262 - 265 BGB), AcP 171 (1971), 192 ff.

Zöller: Kommentar zur ZPO, 16. Aufl., Köln 1990; zitiert: Zöller-Bearbeiter.

Zülch: Anmerkung zur Entscheidung des BGH vom 11.4.1984 (BGHZ 91, 73 ff. = LM § 271 BGB Nr. 4), LM § 271 BGB Nr. 4.

Bernhard Schrameck

Umfang der materiellen Rechtskraft bei Vollstreckungsbescheiden

Frankfurt/M., Bern, New York, Paris, 1990. XXII, 289 S.
Europäische Hochschulschriften: Reihe 2, Rechtswissenschaft. Bd. 901
ISBN 3-631-42344-6 br. DM 80.00

Der Umfang der materiellen Rechtskraft bei Vollstreckungsbescheiden ist in neuerer Zeit heftig umstritten. Eine umfassende Untersuchung dieses für die Praxis wichtigen Problemkreises liegt bislang nicht vor. Der Verfasser verfolgt mit der vorliegenden Arbeit das Ziel, auf der Grundlage des geltenden Rechts herauszuarbeiten, ob und in welchem Umfang Vollstreckungsbescheide der materiellen Rechtskraft fähig sind. Dabei werden zunächst Stand, Bedeutung und Grundlagen der aktuellen Diskussion dargestellt. Die daran anschließende Untersuchung der einschlägigen Vorschriften der ZPO, der verfassungsrechtlichen Lage und der für die Problemlösung bedeutsamen prozeß- und verfahrensrechtlichen Grundsätze bildet den Schwerpunkt der Arbeit. Im Anschluß an diese Untersuchung wird im letzten Teil der Arbeit die Frage erörtert, ob die materielle Rechtskraft von Vollstreckungsbescheiden nur mit dem von der ZPO zur Verfügung gestellten Instrumentarium oder auch im Wege einer Klage nach § 826 BGB durchbrochen werden kann. Nach der neueren Rechtsprechung des BGH ist eine solche Klage unter bestimmten Voraussetzungen zuzulassen. Diese Rechtsprechung wird vor allem aus verfassungsrechtlicher Sicht einer kritischen Betrachtung unterzogen.

Aus dem Inhalt: Materielle Rechtskraft und Rechtskraftdurchbrechung bei Vollstreckungsbescheiden - Sittenwidrige Ratenkreditverträge und Mahnverfahren - Verfassungsmäßigkeit der Rechtskraft von Vollstreckungsbescheiden - Die neuere Rechtsprechung des BGH zur Rechtskraft und Rechtskraftdurchbrechung bei Vollstreckungsbescheiden - Verfassungswidrigkeit der BGH-Rechtsprechung